TECIUM
PUBLISHERS

Tectum Publishers of Style

© 2009 Tectum Publishers NV
Godefriduskaai 22
2000 Antwerp
Belgium
p +32 3 226 66 73
f +32 3 226 53 65
info@ tectum.be
www.tectum.be

ISBN: 978-907976-11-42
WD: 2009/9021/5
(68)

© 2009 edited and content creation by fusion publishing gmbh Berlin
www.fusion-publishing.com
info@fusion-publishing.com

Team: Bianca Maria Öller (Editor, Introduction, Texts), Patricia Massó (Editor), Katharina Feuer (Coordination, Layout),
Janine Minkner (Layout), Kerstin Klose (Visual concept), Friederike Krump (Assistance), Jan Hausberg (Imaging & Pre-press),
Sabine Scholz (Text coordination), Übersetzungsbüro RR Communications, English: Christie Tam und Robert Rosenbaum,
French: Lisa Caprano, Stéphane Goedde, M & M translations bvba (Translation Dutch)

Printed in China

ama**z**ing 01

■ weddings

TECTUM
PUBLISHERS

THE
IS LIKELY TO
THE
BECAUSE
GOOD MARRIAGE
ON THE
FOR

BEST FRIEND
ACQUIRE
BEST WIFE,
A
S BASED
TALENT
FRIENDSHIP.

FRIEDRICH NIETZSCHE (1844-1900)
GERMAN-SWISS PHILOSOPHER AND WRITER.

intro

Never mind that social conventions have evolved and many countries no longer require marriage as a prerequisite for living together. Many couples still see this day of mutual devotion as symbolic of a deeper commitment. Weddings have always been very special events, and the ceremony itself is surrounded by any number of traditions, customs, and myths. In Kenya, for example, a bride is anointed from head to toe with sandalwood and coconut oil so that she can seduce the bridegroom with her fragrance. Flowers play a central role in Mexican weddings, both as an adornment for the bridal couple and as gifts for the Virgin Mary. In India, weddings always last several days, and in Brazil, there can be no wedding feast without a whole turkey on the table.

Even today, these traditions have an important role to play in a wedding's design. But there are also many new and intriguing ideas that can make "the most beautiful day of your life" even more wondrous and unforgettable. Inspirations come from almost anywhere: from the over-the-top weddings of contemporary celebrities, to off-the-wall notions such as marrying on a submarine, in a hot-air balloon, or deep underground in a stone grotto. When it comes to love, imagination knows no bounds!

S'il est vrai que de nos jours, les mœurs ont évolué et que, dans beaucoup de pays, le mariage n'est plus une condition sine qua non pour la vie à deux, le jour des noces demeure néanmoins, aux yeux de nombreux fiancés, le symbole d'un attachement profond. Entourées de traditions, de coutumes et de mythes, les cérémonies de mariage ont revêtu de tout temps un caractère très particulier. Au Kenya, par exemple, la mariée se fait enduire de la tête aux pieds d'huile de santal et de noix de coco afin de dégager un parfum envoûtant aux côtés de celui qu'elle va épouser. Au Mexique, les fleurs jouent un rôle capital. Elles honorent les mariés et sont dédiées à la Sainte Vierge Marie. En Inde, une noce dure plusieurs jours. Enfin au Brésil, dans tout bon mariage qui se respecte, il faut bien une dinde entière pour faire l'affaire.

Ces traditions se retrouvent encore aujourd'hui dans l'organisation des mariages, bien relayées cependant par une multitude d'idées nouvelles et fascinantes qui permettent de rendre le « plus beau jour de la vie » plus magnifique et plus inoubliable encore. Et il y en a pour tous les goûts : des noces éblouissantes avec comme protagonistes des célébrités contemporaines très en vue, mais aussi des idées complètement loufoques consistant à échanger les promesses de mariage dans un sous-marin, dans les airs à bord d'une montgolfière ou encore sous terre dans une grotte. Vous l'aurez compris, on laisse ici libre cours à l'imagination. Après tout, c'est bien d'amour qu'il s'agit.

Ook al is de maatschappelijke norm geëvolueerd en is in vele landen trouwen niet langer een vereiste is om samen te leven, toch blijft voor veel koppels de trouwdag nog altijd symbool voor een diepgaander engagement. Een bruiloft is altijd al een bijzondere gebeurtenis geweest en de ceremonie zelf is vaak opgebouwd rond talloze traditites, gewoontes en mythes. Zo wordt in Kenia de bruid van kop tot teen ingesmeerd met sandelhout en kokosnootolie zodat ze de bruidegom met haar geur kan verleiden. In Mexicaanse bruiloften staan bloemen centraal, als feestelijk tooisel voor het bruidskoppel en als geschenk voor de Maagd Maria. In India duren bruiloften altijd verschillende dagen en in Brazilië kan er geen sprake zijn van een huwelijksfeest zonder dat er een hele kalkoen op tafel komt.

Zelfs vandaag spelen deze traditites nog altijd een belangrijke rol bij het organiseren van een bruiloft. Maar er zijn ook vele nieuwe en intrigerende ideeën die "de mooiste dag van je leven" nog meer tot een onvergetelijke dag kunnen maken. De inspiratie kan van bijna overal komen: van de "over-the-top" bruiloften van de celebrities tot knotsgekke suggesties zoals trouwen op een onderzeeër, in een heteluchtballon of diep onder de grond in een stenen grot. Waar liefde in het spel is, laat de verbeelding zich immers niet aan banden leggen!

content

princess soraya's gown—a dream of silver

12.2.1951, Teheran, Persia

© Associated Press

Although their happiness was short-lived, the wedding between Princess Soraya and Shah Mohammed Reza Pahlavi of Persia in February 1951 was a beautiful celebration that is still remembered today. For the ceremony, Princess Soraya wore a spectacular wedding dress specially designed for her by Christian Dior himself. The silver lamé gown was embroidered with countless pearls and six thousand diamonds, and trimmed with marabou stork feathers. This was accompanied by a floor-length white mink cape. The rooms were decorated for the occasion with 1.5 tons of orchids, tulips, and fragrant carnations. It was a genuine festival of the senses!

Même si leur bonheur fut de courte durée, les noces de la princesse Soraya et du shah d'Iran Mohammed Reza Pahlavi, en février 1951, furent cependant une fête de toute beauté qui restera dans les annales. Lors de la cérémonie, dans sa robe de mariée spécialement conçue pour elle par Christian Dior, la princesse Soraya accapara tous les regards. Il s'agissait d'une robe en lamé argent, brodée d'innombrables perles ainsi que de 6 000 diamants et ornée de plumes de marabout. Avec, en complément, une cape de vison blanc tombant jusqu'au sol. Les lieux furent décorés en conséquence : une tonne et demie d'orchidées, de tulipes et d'œillets délicatement parfumés, pour ce qui fut réellement la fête des sens.

Alhoewel hun geluk van korte duur was, was de bruiloft van Prinses Soraya en sjah Mohammed Reza Pahlavi van Perzië in februari 1951 een prachtig en onvergetelijk feest. Prinses Soraya droeg voor de plechtigheid een spectaculaire trouwjurk, speciaal voor haar ontworpen door Christian Dior himself. De japon in zilverlamé was opgesmukt met talloze parels en zesduizend diamanten en versierd met maraboeveren. Het sluitstuk was een tot op de grond reikende cape in wit nertsbont. De zalen waren voor de gelegenheid gedecoreerd met 1,5 ton orchideeën, tulpen en geurige anjers. Een waar festival voor de zintuigen!

1001 nights with gold and diamonds

10.6.2007, Bandar Seri Begawan, Brunei

The South Pacific Sultanate of Brunei is a land steeped in legend, so it's only fitting that the wedding between Crown Prince Al-Muhtadee Billah and his seventeen-year-old bride Sarah Salleh resemble a tale from the Arabian Nights. The spectacular nineteen-day celebration began on September 9, 2004, with a traditional marriage ceremony before the Sultan. Sarah, a commoner, wore a sapphire-blue gown that offset her unique bouquet made of gold and diamonds. Five thousand guests were invited to attend. The exact cost of the wedding is unknown, but it's estimated to have been somewhere between four and forty million dollars.

Situé dans le Pacifique Sud, le sultanat de Brunei est une terre de légende. Pas étonnant dès lors que le mariage du prince héritier Al-Muhtadee Billah et sa fiancée Sarah Salleh, 17 ans, ait tout d'un conte des 1001 nuits. Véritable spectacle, cette fête de mariage étalée sur 19 jours s'ouvrit le 9 septembre 2004 par une cérémonie traditionnelle devant le sultan. Sarah, issue d'un milieu bourgeois, arborait une robe bleu saphir qui mettait bien en valeur l'exceptionnel bouquet de la mariée tout en or et diamants. 5 000 invités assistèrent à la fête. Le montant exact des frais n'a pas été révélé. Selon les estimations, il serait compris entre 4 et 40 millions de dollars.

Het sultanaat van Brunei in de Stille Zuidzee is een land dat baadt in legendes; het is dan ook niet meer dan passend dat het huwelijk tussen kroonprins Al-Muhtadee Billah en zijn zeventienjarige bruid Sarah Salleh recht uit een sprookje van Duizend-en-één-nacht lijkt te komen. De spectaculaire, negentien dagen durende festiviteiten begonnen op 9 september 2004 met een traditionele huwelijksplechtigheid voor de sultan. Sarah, een gewoon burgermeisje, droeg een bruidsjapon in saffierblauw dat mooi contrasteerde met haar unieke boeket gemaakt van goud en diamanten. Er waren vijfduizend genodigden op het feest. De exacte kostprijs van de bruiloft is niet gekend maar de schattingen variëren alvast tussen vier en veertig miljoen dollar.

a girl's dream in finest lace

29.7.1981, London, United Kingdom

© Associated Press

When Charles, heir to the British throne and Prince of Wales, led Diana to the altar, the entire country—and perhaps even the world—came to a standstill. At that moment, a fairytale came true: the artless nineteen-year-old kindergarten teacher was transformed into a princess. Dressed in an ivory silk gown with a twenty-five-foot train, she gave Charles her hand in marriage on the 29th day of July, 1981, in St. Paul's Cathedral, and under the watchful gaze of 750 million television viewers from around the world she became the first English woman to marry into the Royal Family in over three hundred years.

Quand Charles, héritier du trône de Grande-Bretagne et prince de Galles conduisit sa Diana devant l'autel, ce fut le délire un peu partout dans le monde et pas seulement en Angleterre. Un conte de fée devenait réalité. L'histoire d'une jeune aide maternelle, innocente qui, du haut de ses 19 ans, s'apprête à devenir princesse. Vêtue d'une magnifique robe en satin ivoire avec une traîne de près de huit mètres, elle accepte de prendre Charles pour époux le 29 juillet 1981 dans la Cathédrale Saint-Paul de Londres. Cérémonie dont 750 millions de téléspectateurs dans le monde ne perdront pas une miette. Pour la première fois depuis 300 ans, la maison royale britannique accueillait à nouveau une princesse héritière, anglaise de souche.

Toen Charles, de Britse troonopvolger en Prins van Wales, Diana naar het altaar leidde, stond het hele land, misschien wel de hele wereld, even stil. Op dat ogenblik werd een sprookje werkelijkheid: de eenvoudige, negentienjarige kleuteronderwijzeres werd omgetoverd tot een prinses. Gekleed in een trouwjurk in ivoorkleurige zijde met een sleep van bijna acht meter lang, gaf ze Charles op 29 juli 1981 in St. Paul's Cathedral haar jawoord. Voor 750 miljoen televisiekijkers van over de hele wereld werd ze de eerste Engelse vrouw in meer dan driehonderd jaar om met een lid van de Koninklijke Familie te trouwen.

1.3.2007, United Kingdom & India

© Taj Hotels Resorts and Palaces

Besides costing Liz Hurley and her husband Arun Nayar a cool 2.5 million dollars, their wedding—spanning eight days and two continents—was a real test of endurance. The lovebirds' wedding marathon started off with a magnificent celebration in an English castle. The entire wedding party then flew to Jodhpur, where the couple wed for a second time in a traditional Indian ceremony. Like a prince in a Middle Eastern fairytale, the groom rode in on a white horse while family members followed on camels and elephants. During the actual ceremony, the couple circled a holy fire and made seven promises.

© Associated Press

Etalé sur huit jours et deux continents, leur mariage aura coûté à Liz Hurley et Arun Nayar, au-delà des 2,5 millions de dollars, ainsi qu'une bonne dose de persévérance. Chronologie du marathon nuptial de ce couple de rêve. Tout commence par une fête luxueuse dans un château anglais. Puis, le couple et l'ensemble des invités décollent pour Jodhpur, histoire de remettre cela mais cette fois selon la tradition indienne. Tel un prince charmant oriental, le marié fait son entrée sur un cheval blanc, suivi de ses proches à dos de chameaux et d'éléphants. Lors de la cérémonie, le couple tourne autour d'un feu sacré et prononce une série de sept promesses.

Behalve dat het Liz Hurley en haar echtgenoot Arun Nayar een flinke 2,5 miljoen dollar kostte, was hun bruiloft – gespreid over acht dagen en twee continenten – vooral ook een ware uithoudingstest. De bruiloftsmarathon van het liefdeskoppel startte met een prachtige viering in een Engels kasteel. Vervolgens vlogen alle genodigden naar Jodhpur, waar het koppel voor een tweede keer, dit keer in een traditionele Indische ceremonie, huwde. Zoals een prins in een sprookje uit het Midden Oosten, kwam de bruidegom op een wit paard aangereden terwijl de familieleden op kamelen en olifanten volgden. Tijdens de eigenlijke plechtigheid zat het koppel rond een heilig vuur en legden ze zeven geloftes af.

when grace kelly became princess grace

19.4.1956, Monaco

It was a romance straight out of Hollywood: European nobleman falls for gorgeous American actress, and she says, "Yes!" The romantic and media-perfect marriage between Grace Kelly and Prince Rainier III of Monaco in 1956 was dubbed the wedding of the century. As the future Princess Gracia Patricia arrived at the Monaco harbor, red and white carnations fell from the sky. The wedding itself became an extremely emotional event for the thirty million people watching it on TV.

Hollywood n'aurait pas fait mieux : lui, noble du vieux continent s'éprend d'elle, ravissante actrice américaine qui répond à ses sentiments. En 1956 a lieu ce que l'on peut appeler le mariage du siècle. Le prince Rainier Grimaldi III de Monaco épouse Grace Kelly. Une noce romantique avec une parfaite mise en scène médiatique. La future princesse Gracia Patricia fait son entrée dans le port de Monaco sous une pluie d'œillets rouges et blancs. Retransmise en direct, la cérémonie-spectacle fut un grand moment d'émotion pour 30 millions de téléspectateurs.

Het was een romance recht uit Hollywood: Europese edelman valt voor verrukkelijke Amerikaanse actrice en zij zegt "Ja"! Het romantische en mediagenieke huwelijk tussen Grace Kelly en Prins Rainier III van Monaco in 1956 werd tot huwelijk van de eeuw uitgeroepen. Toen de toekomstige Prinses Gracia Patricia in de haven van Monaco aankwam, daalden rode en witte anjers neer uit de lucht. De bruiloft zelf was een bijzonder emotioneel gebeuren voor de dertig miljoen mensen die de plechtigheid op televisie volgden.

the king marries his queen: elvis and priscilla

1.5.1967, Las Vegas, USA

Priscilla was only fourteen when she met Elvis for the first time in Germany. She soon followed him to his Graceland villa, although the couple would have to wait a long time before they could actually wed. Priscilla's father was adamant that his daughter would not marry until she reached twenty-one. And so, after eight long years, they finally tied the knot on May 1, 1967, in a small ceremony at the Aladdin Hotel & Casino in Las Vegas. Mr. and Mrs. Presley then honeymooned in Palm Springs and passed what Elvis later said were perhaps their most beautiful days together.

Priscilla n'avait que 14 ans lorsqu'elle rencontra Elvis pour la première fois en Allemagne. Si elle ne tarda pas à s'installer chez lui dans la villa de Graceland, ils durent cependant patienter une éternité avant de pouvoir se marier, le père de Priscilla interdisant à sa fille d'épouser Elvis tant qu'elle n'avait pas atteint l'âge de 21 ans. Huit longues années passèrent avant le 1er mai 1967, date du mariage. Celui-ci fut célébré dans la plus stricte intimité à l'Aladdin Hotel & Casino de Las Vegas. S'ensuivit un voyage de noces du côté de Palm Springs et, comme Elvis le dira plus tard, « peut-être nos plus beaux moments passés ensemble ».

Priscilla was nog maar veertien toen ze Elvis voor het eerst ontmoette in Duitsland. Al snel volgde ze hem naar zijn villa in Graceland, alhoewel het koppel nog wel een tijdje moest wachten alvorens ze echt konden trouwen. Priscilla's vader stond er immers op dat zijn dochter niet zou trouwen voor ze eenentwintig werd. Aldus geschiedde: na acht lange jaren traden ze eindelijk in het huwelijk op 1 mei 1967, tijdens een kleine plechtigheid in het Aladdin Hotel & Casino in Las Vegas. Mijnheer en mevrouw Presley gingen vervolgens op huwelijksreis naar Palm Springs en spendeerden er wat Elvis later hun mooiste dagen samen zou noemen.

© Associated Press

Liza Minelli, the grande dame of Broadway, is unsurpassed: the 3.5-million-dollar wedding between her and concert promoter David Gest still holds the world record as the most expensive celebrity wedding ever. Besides Michael Jackson as best man and Elizabeth Taylor as maid of honor, the five hundred guests included such superstars as Elton John, Mia Farrow, and Anthony Hopkins. Tony Bennett kicked off the evening's entertainment, backed by a sixty-piece orchestra. Add to that a twelve-tier wedding cake and, all in all, it was an extreme celebration!

Liza Minelli détient un record sensationnel : celui du mariage d'une célébrité le plus cher qui ait jamais été contracté. En effet, l'échange des anneaux entre la vedette de Broadway et le promoteur de concerts David Gest aura coûté en tout 3 millions et demi de dollars. Outre les deux témoins Michael Jackson et Elizabeth Taylor, étaient présentes pas moins de 500 personnes, y compris des personnages célèbres tels que Mia Farrow, Elton John et Anthony Hopkins. La soirée fut animée par Tony Bennett et un orchestre composé de 60 musiciens. Notons encore que le gâteau de mariage s'élevait sur 12 étages. La fête de tous les superlatifs en somme !

Liza Minelli, de grande dame van Broadway, blijft vooralsnog ongeëvenaard: de bruiloft van 3,5 miljoen dollar van haar en concertpromotor David Gest heeft nog altijd het wereldrecord 'duurste celebritybruiloft ooit' op haar naam staan. Naast de getuigen Michael Jackson en Elizabeth Taylor waren onder de vijfhonderd genodigden nog supersterren zoals Elton John, Mia Farrow en Anthony Hopkins aanwezig. Tony Bennett gaf de aftrap voor het avondlijke entertainmentgedeelte gesteund door een zestig man sterk orkest. Voeg daar nog een bruiloftstaart van twaalf verdiepingen aan toe en je hebt, al bij al, een uitzonderlijk feest!

01

for world peace: john lennon and yoko ono

20.3.1969, Gibraltar

© Associated Press

John Lennon and the Japanese-American artist Yoko Ono described their first meeting as love at first sight. Although their wedding in Gibraltar on March 20, 1969, was extremely low-key, the world-famous hippy couple's honeymoon was an international sensation. After the wedding ceremony, John and Yoko held a week-long "bed-in" at the Amsterdam Hilton, followed by additional weeks in hotel beds in Vienna and Montreal. Visited by hordes of reporters, a stoned John and a lovestruck Yoko gave interview after interview dressed in their pajamas.

John Lennon et l'artiste américo-japonaise Yoko Ono s'accordaient à dire que lorsqu'ils s'étaient rencontrés, ce fut le coup de foudre. Le mariage de ce couple de hippies mondialement connu le 20 mars 1969 à Gibraltar serait presque passé inaperçu s'il n'avait pas été suivi d'une lune de miel autrement plus spectaculaire : huit jours de « bed-in » au Hilton d'Amsterdam, puis plusieurs semaines dans des lits d'hôtel à Vienne et Montréal. Tout cela en présence d'une horde de journalistes interviewant à plusieurs reprises un John défoncé et une Yoko très amoureuse lesquels, toujours en pyjama, répondirent de bonne grâce à leurs questions.

John Lennon en de Japans-Amerikaanse kunstenares Yoko Ono beschreven hun eerste ontmoeting als liefde op het eerste gezicht. En alhoewel hun bruiloft op Gibraltar op 20 maart 1969 uitzonderlijk gewoontjes was, was de huwelijksreis van het hippiekoppel echt wel een internationale sensatie. Na de huwelijksplechtigheid hielden John en Yoko een hele week lang een "bed-in" in het Amsterdamse Hilton, gevolgd door extra weken in hotelbedden in Wenen en Montreal. Bezocht door horden reporters, gaven John, stoned, en Yoko, tot over haar oren verliefd, interview na interview, gekleed in hun pyjama's.

an indian bollywood-dream in versailles

20.6.2004, Versailles/Paris, France

When the daughter of the world's third-richest man gets married, it's got to be something special! So when Vanisha Mittal, daughter of the Indian steel magnate Lakshmi Mittal, celebrated her wedding to top London financier Amit Bhatia, it was held in the Palace of Versailles—complete with a banquet in the Hall of Mirrors, a love song performed by Kylie Minogue, and a Bollywood musical written and performed specially for the occasion. Even during the preparations, no expense was spared: the wedding invitations were twenty pages long and were sent to all one thousand guests in little silver boxes.

Quand on est le troisième homme le plus riche du monde, on a l'obligation de saluer le mariage de sa fille comme il se doit. Ainsi, lorsque Vanisha Mittal, fille de Lakshmi Mittal, le magnat de l'acier, prit pour époux son fiancé Amit Bhatia, un banquier vedette de Londres, l'événement se passa au château de Versailles. Au programme, un banquet dans la galerie des Glaces, une chanson d'amour interprétée par Kylie Minogue et une comédie musicale bollywoodienne, spécialement préparée et composée pour l'occasion. D'entrée, on avait mis les petits plats dans les grands en envoyant à chacun des 1 000 invités une invitation de 20 pages dans un coffret argenté.

Toen de dochter van 's werelds derderijkste man in het huwelijk trad, moest het wel iets bijzonders worden! Dus toen Vanisha Mittal, dochter van de Indische staalmagnaat Lakshmi Mittal, haar huwelijk met de Londense topfinancier Amit Bhatia vierde, gebeurde dit in het Paleis van Versailles – compleet met banket in de Spiegelzaal, een liefdessong uitgevoerd door Kylie Minogue en een Bollywoodmusical die speciaal voor de gelegenheid geschreven en uitgevoerd werd. Zelfs tijdens de voorbereidingen van het feest werd er op geen enkele kost gekeken: de huwelijksinvitaties waren twintig pagina's lang en werden naar alle duizend gasten in kleine zilveren doosjes verstuurd.

© Fotolia, Michael Knüfer

© Associated Press

© Associated Press

content

glamour / society weddings   **01**

extraordinary couples   **02**

unusual weddings   **03**

wedding locations   **04**

service information

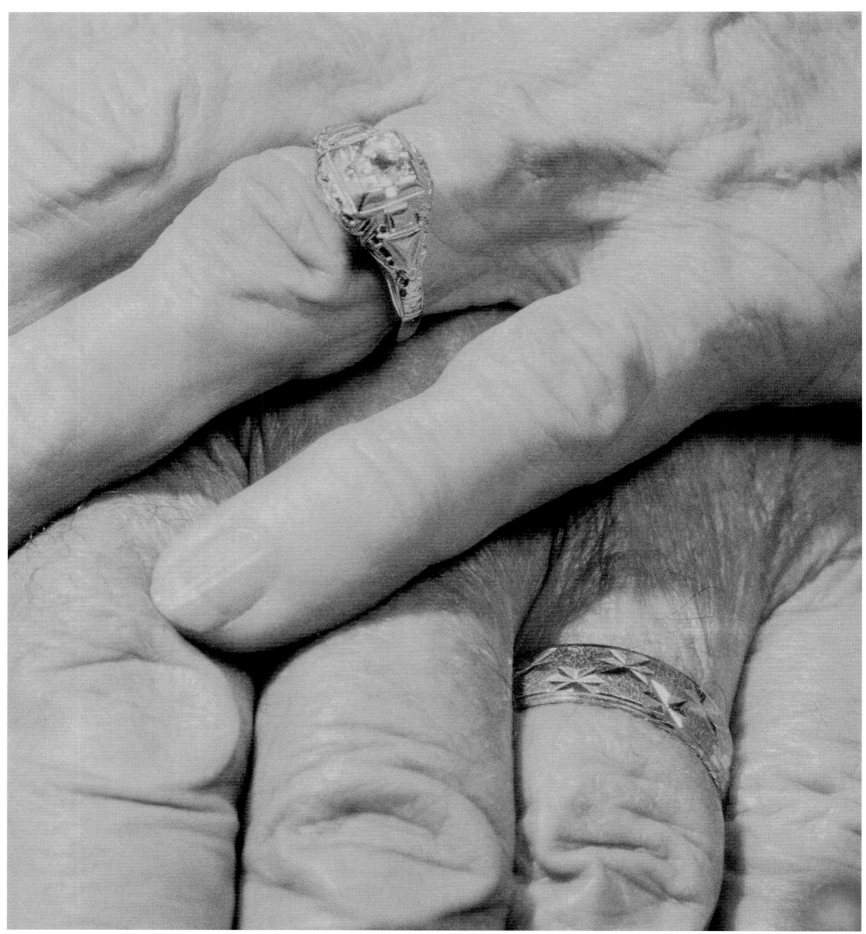

© Associated Press

That love is blind when it comes to age is an accepted fact in today's world. But when the groom is over 100, his wedding is bound to attract attention. At the ripe old age of 102, the Lithuanian Stanislovas Grigas finally tied the knot with his girlfriend, Brone Mikutien. Brone had already known Stanislovas for thirty-five years and, at seventy-six, was a spring chicken by comparison. The wedding earned Stanislovas the title of the oldest bridegroom in the world, beating out other geriatric newlyweds such as a ninety-nine-year-old New Zealander and a ninety-four-year-old Austrian.

L'amour n'est pas une question d'âge. Jusqu'ici, rien de bien surprenant. En revanche, voir des centenaires se marier, c'est tout de même quelque chose d'insolite. Mais bien réel : à 102 ans, le Lituanien Stanislovas Grigas épousa sa fiancée Brone Mikutiene, qu'il connaissait pourtant depuis plus d'un tiers de siècle et qui, bien qu'âgée de 76 ans, était nettement plus jeune que lui. Toujours est-il que grâce à ce mariage tardif, Stanislovas détient le record de l'homme le plus âgé du monde à avoir contracté mariage. Il devance un Néo-Zélandais et un Autrichien qui au moment de leurs mariages respectifs étaient des jeunots de 99 et 94 ans.

© Fotolia, Andrea Seeman

Dat liefde blind is voor leeftijd is vandaag een algemeen aanvaard feit. Maar wanneer de bruidegom boven de 100 is, zal dat huwelijk toch altijd wel de aandacht trekken. Op de rijpe oude leeftijd van 102 huwde de Litouwer Stanislovas Grigas eindelijk zijn vriendin, Brone Mikutien. Brone kende Stanislovas al vijfendertig jaar en was met haar zesenzeventig, vergeleken bij de bruidegom, nog een jong veulentje. Het huwelijk bracht Stanislovas de titel van 's werelds oudste bruidegom op, waarbij hij andere geriatrische pasgehuwden zoals een negenennegentig jaar oude Nieuw-Zeelander en een vierennegentig jarige Oostenrijker het nakijken gaf.

big, bigger, biggest love ever

12.7.2008, Erdos, China

© Reuters Pictures

The fifty-six-year-old Bao Xishun towered over his twenty-nine-year-old bride Xia Shujuan as he led her to the altar. For years the seven-foot, nine-inch Chinese man had failed to find a wife who would take him just as he is—the tallest man in the world. So imagine the excitement when this real-life giant met and fell in love with the five-foot, six-inch Xia from his hometown. The happy couple celebrated their union with a magnificent, traditional Mongolian ceremony. Both were dressed in splendid silk garments, and the groom arrived at the wedding service in a cart pulled by camels.

Le jour où Bao Xishun et sa fiancée Xia Shujuan se sont retrouvés devant l'autel, leur différence de taille n'est pas passée inaperçue. Longtemps à la recherche d'une femme qui l'acceptât tel qu'il est, le Chinois Bao Xishun, 56 ans, reconnu comme l'homme le plus grand du monde pour ses 2,36 mètres, a fini par trouver son bonheur dans sa terre natale en faisant la connaissance de Xia, 29 ans, qui mesure, pour sa part, 1,68 mètre. Couronné par une fête fastueuse, le mariage se déroula selon la tradition mongole, avec des mariés parés de précieux habits en soie et l'époux assis sur un char majestueux tiré par des chameaux, en route pour la cérémonie.

De zesenvijftig jaar oude Bao Xishun torende hoog boven zijn negenentwintigjarige bruid, Xia Shujuan, uit toen hij haar naar het altaar leidde. Al jaren was de 2 meter 36 lange Chinese man vruchteloos op zoek naar een vrouw die hem nam zoals hij is – de grootste man ter wereld. Je kan je dus wel de opwinding voorstellen toen deze levensechte reus de 1 meter 68 grote Xia uit zijn geboortestad ontmoette en verliefd werd. Het gelukkige koppel trad in het huwelijk in een prachtige, traditionele Mongoolse plechtigheid. Beiden waren gekleed in schitterende zijden gewaden en de bruidegom arriveerde aan de plaats van de huwelijksceremonie in een door kamelen voortgetrokken koets.

identical twins marry identical twins

25.11.2006, La Paz, Bolivia

© Associated Press

It's common knowledge that identical twins share a special bond. But when their tastes are so similar that they choose another set of identical twins as their marriage partners, they seem to be taking that bond a little too far! Nevertheless, such remarkable double weddings do occur. Consider, for example, the two Mr. and Mrs. Beständigs in Erfurt, Germany; the Bolivian quartet of José, Hugo, Claudia, and Patrizia Choque; or Canadian brothers Guy and Gilles Leclerc, who married the identical twin sisters Florence and Joelle from France.

© Associated Press

Si les jumeaux ou jumelles monozygotes sont en général très attaché(e)s l'un(e) à l'autre, le fait de prolonger leurs goûts communs en allant jusqu'à choisir comme partenaires un autre couple de jumeaux ou jumelles monozygotes paraît en revanche insolite. Il n'empêche que le phénomène remarquable et remarqué qu'est le mariage double se produit de temps à autre, comme peuvent en témoigner en Allemagne, dans la ville d'Erfurt, les Beständig, en Bolivie les jeunes mariés José, Hugo, Claudia et Patrizia Choque et enfin au Canada les frères jumeaux Guy et Gilles Leclerc qui ont pris pour épouses Florence et Joëlle, deux vraies jumelles françaises.

Het is algemeen geweten dat identieke tweelingen een bijzondere band hebben. Maar wanneer hun smaken zo gelijklopend zijn dat ze een ander stel identieke tweelingen als hun huwelijkspartners kiezen, lijken ze die band toch wel iets te ver door te trekken. En toch, dergelijke dubbele huwelijken gebeuren echt. Zo waren er bijvoorbeeld de twee mijnheren en mevrouwen Beständigs in Erfurt, Duitsland, het Boliviaanse kwartet José, Hugo, Claudia en Patrizia Choque, of nog de Canadese broers Guy en Gilles Leclerc, die trouwden met de identieke tweelingzussen Florence en Joelle uit Frankrijk.

first maori to marry into the british royal family

31.7.2004, London, United Kingdom

In addition to being a New Zealand Maori, he was also a former sheep-shearer and surfing enthusiast who was currently working in construction. This may not sound like a suitable match for a young lady from the House of Windsor, but when twenty-six-year-old Lady Davina Windsor met Gary Lewis on a surfing trip, she wasn't thinking about social conventions. After a four-year romance, she saw nothing unusual about marrying her beloved in the chapel at Kensington Palace, in an intimate private ceremony free of the pomp of a large royal wedding.

Un Maori néo-zélandais, passionné de surf, ancien tondeur de moutons, travaillant actuellement dans l'industrie du bâtiment est-il indigne d'une jeune dame issue de la maison des Windsor ? Ce n'est pas le genre de questions que Lady Davina Windsor, 26 ans, a dû se poser lorsqu'elle a rencontré Gary Lewis lors d'une partie de surf et encore moins quatre ans plus tard lorsque le couple scella son amour dans la chapelle du Palais de Kensington. Plutôt que d'organiser une cérémonie royale à grand retentissement, ils donnèrent une fête privée, préparée avec amour et dévouement.

Naast een Nieuw-Zeelandse Maori was hij een voormalig schaapscheerder en surffanaat die op dat ogenblik in de bouwsector werkte. Dit lijkt op het eerste zicht niet echt een geschikte match voor een jonge dame uit het Huis van Windsor, maar toen de zesentwintigjarige Lady Davina Windsor Gary Lewis op een surftrip ontmoette, dacht ze helemaal niet meer aan sociale conventies. Na een romance van vier jaar zag ze er absoluut geen graten in om met haar geliefde te trouwen in de kapel aan Kensington Palace, in een intieme, privé-ceremonie, wars van alle glitter en glamour van een groot Koninklijk huwelijk.

© Fotolia , Diana Kosaric

an indian man marries his dog

November 2007, New Delhi, India

In hopes of regaining his health, a thirty-three-year-old Indian man followed his astrologer's advice: he took a stray dog, cleaned her up, and made the preparations for a marriage ceremony. The dog was dressed in a sari and the village temple was decorated accordingly. Instead of a ring, the groom placed a ribbon around the bride's neck. For local residents, this marriage was nothing out of the ordinary—in many remote areas of India, people marry animals to remove curses from themselves and their families.

Appliquant à la lettre les conseils d'un astrologue pour vaincre la maladie dont il souffrait, un Indien de 33 ans hébergea chez lui une chienne errante, la soigna et lui prépara une cérémonie de mariage. La chienne fut habillée d'un sari et le temple du village décoré. A la place de la bague, elle reçut un ruban qu'il lui mit autour du cou. Pour les villageois, ce mariage n'avait rien d'anormal, vu qu'en Inde, il n'est pas rare en milieu rural de voir des gens épouser des animaux afin d'éloigner le mal d'eux-mêmes et de leurs familles. C'est ainsi qu'une petite fille de quatre ans atteinte de plusieurs maladies fut également mariée à un chien.

In de hoop om zijn goede gezondheid terug te krijgen, volgde een drieëndertigjarige Indische man het advies van zijn astroloog: hij nam een zwerfhond in huis, waste haar grondig en startte de voorbereidingen voor de huwelijksplechtigheid. De hond was gekleed in een sari en ook de dorpstempel werd op gepaste wijze versierd. In plaats van een ring kreeg de bruid een lint om haar nek. Voor de lokale bevolking was dit huwelijk niets buitengewoons – in vele afgelegen gebieden in India trouwen mensen met dieren om een vloek op zichzelf of hun familie op te heffen. Zo werd zelfs ooit een vierjarig meisje uitgehuwelijkt aan een hond om haar te genezen van de vele kinderziektes die ze al had opgelopen.

my big fat mexican wedding

26.10.2008, Monterrey, Mexico

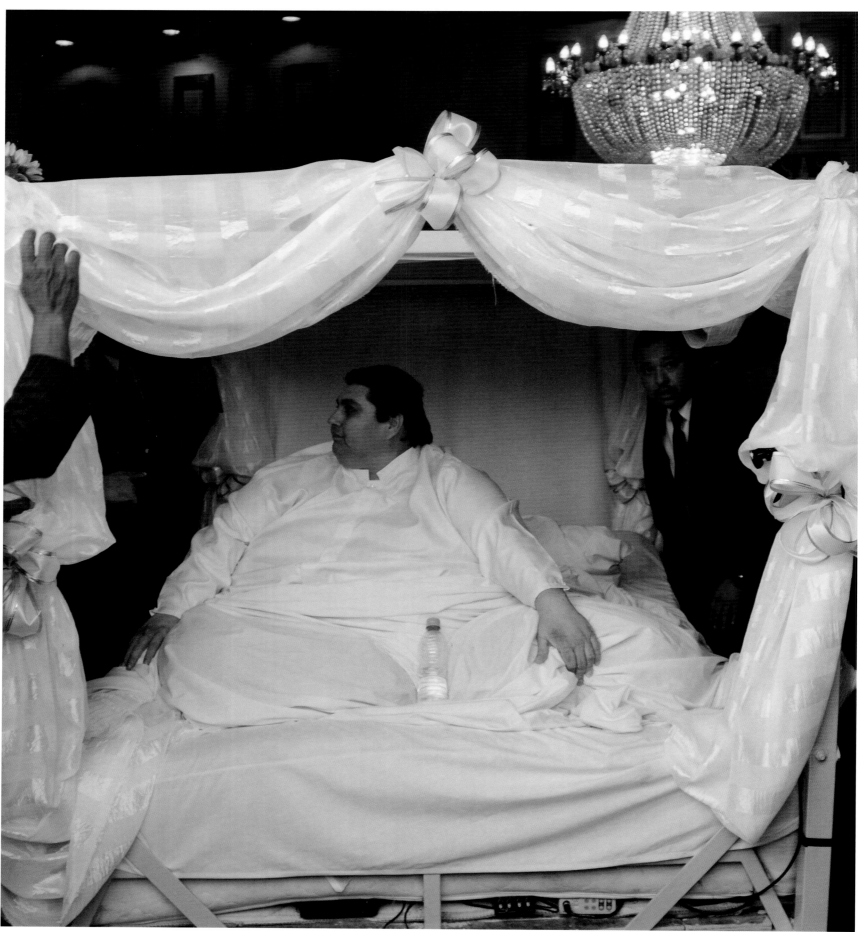

In 2007, when Manuel Uribe of Monterrey, Mexico, was at his peak weight of 1,235 pounds, The Guiness Book of World Records named him the world's heaviest man. This was when he decided to lose weight under a doctor's care, and he has since managed to shed 550 pounds. In October 2008, he was finally able to marry his longtime girlfriend Claudia. The forty-three-year-old Mexican bridegroom called it "the most beautiful moment" of his life. Still tipping the scales at almost seven hundred pounds, he was loaded onto a truck and driven to the ceremony, still resting on the bed he has been unable to leave since 2001.

En 2007, le Mexicain Manuel Uribe, originaire de Monterrey, fit son entrée dans le livre Guinness des records comme l'homme le plus obèse du monde. Il pesait alors 560 kilos. Par la suite, il décida de perdre du poids en ayant recours à l'assistance médicale. Depuis, la balance affiche 230 kilos de moins. En octobre 2008, il put enfin épouser Claudia, sa fiancée de longue date. Âgé de 43 ans, il dit que ce fut là « le plus beau moment de sa vie ». Immobilisé depuis 2001, c'est dans son lit que Manuel Uribe, lequel, faut-il le rappeler, accuse toujours un poids de 330 kilos, a été conduit au lieu de la cérémonie sur la plate-forme d'un camion.

In 2007, toen Manuel Uribe uit Monterrey, Mexico, op zijn piekgewicht van 560 kilogram was, riep het Guiness Book of World Records hem uit tot 's werelds dikste man. Dat was het moment waarop hij besloot onder medische begeleiding gewicht te verliezen en sindsdien is hij er toch al in geslaagd om 230 kilogram kwijt te spelen. In oktober 2008 was hij eindelijk in staat om te trouwen met zijn vriendin van vele jaren, Claudia. De drieënveertigjarige Mexicaanse bruid noemde dit "het mooiste moment van haar leven". De bruidegom, toch nog altijd 330 kilogram dik, moest op een vrachtwagen worden geladen om naar de ceremonie te worden gebracht, op zijn bed dat hij al sinds 2001 niet meer heeft kunnen verlaten.

content

mass weddings—important day of many lives

mainly Asia and all over the world

A traditional wedding, however modest, is beyond the means of many couples in the world's poorer regions. For them, government-sponsored mass weddings are their only chance to tie the knot. Such weddings are sometimes held in large squares or stadiums—especially in Asia, where up to forty thousand couples may come together to exchange their vows. This phenomenon has grown even larger in recent years, thanks to satellite technology and the Internet. In 1995, over 360 thousand members of Reverend Sun Myung Moon's Unification Church married simultaneously via video.

Là où la pauvreté est telle qu'un mariage traditionnel, si modeste soit-il, demeure trop cher, les mariages collectifs organisés par l'état constituent le seul moyen de s'unir pour la vie. C'est surtout dans les pays asiatiques que de tels mariages de masse ont lieu, sur une grande place ou dans un stade. Ils peuvent rassembler jusqu'à 40 000 couples désireux d'échanger leurs consentements. Technologie satellite et Internet n'ont fait qu'amplifier ce phénomène au cours de ces dernières années. En 1995, plus de 360 000 adeptes de la secte Moon avaient ainsi procédé à un mariage collectif simultané.

Een traditionele bruiloft, hoe bescheiden ook, is voor vele koppels in de armere regio's van de wereld onbetaalbaar. Voor hen zijn door de overheid gesponsorde massabruiloften vaak de enige kans om in het huwelijk te treden. Dergelijke bruiloften worden zo nu en dan georganiseerd op grote pleinen of in grote stadia – vooral in Azië, waar tot wel veertigduizend koppels samenkomen om elkaar hun eeuwige trouw te beloven. Dit fenomeen is de voorbije jaren, dankzij de satelliettechnologie en het internet, nog gegroeid. In 1995 huwden meer dan 360.000 volgelingen van Sun Myung Moon's Verenigingskerk simultaan via een videoverbinding.

© Associated Press

marital bliss at its peak: on mount everest

May 2005, Mount Everest, 29 035 feet above sea level, boarder of Nepal an Tibet

© Fotolia, Jörg Hahn

"Wherever you go my love, I will follow too, / No mountain top too high, my love / No arctic night too fierce, / For I will follow you, my love / Till death my heart does pierce...." Perhaps this mountain climbers' love poem was the inspiration for twenty-four-year-old Nepali woman Moni Mulepati and her bridegroom, Pem Dorje Sherpa, when they decided to wed at 29,035 feet above sea level. Witness to the nuptials on top of the world was their friend and companion Kami Sherpa. Because the couple wanted to surprise their families, they didn't announce their wedding on the world's highest mountain until after their descent.

« Où que tu ailles, mon amour, je te suivrai / Aucun pic de montagne, mon amour / Aucune nuit arctique pour me faire peur, / Je te suivrai, mon amour / Seule la mort emportera mon cœur... » C'est peut-être à ce poème d'alpinistes qu'ont pensé la Népalaise Moni Mulepati, 24 ans, et son fiancé Pem Dorje Sherpa lorsqu'ils scellèrent leur union sur le toit du monde à 8 850 mètres d'altitude. Le témoin de leur mariage n'était autre que Kami Sherpa, leur ami et accompagnateur. Afin que la surprise reste entière, ce n'est qu'après être redescendus du plus haut sommet du monde qu'ils annoncèrent la bonne nouvelle à leurs proches.

"Waar je ook gaat, mijn liefste, ik zal je volgen. / Geen bergtop is me daarbij te hoog, mijn liefste / Geen poolnacht te zwaar / Want ik zal je volgen, mijn liefste / Tot de dood mijn hart doorboort ..." Misschien vormde dit liefdesgedicht van een bergbeklimmer wel de inspiratie voor een vierentwintigjarige Nepalese vrouw, Moni Mulepati, en haar bruidegom, Pem Dorje Sherpa, toen ze besloten om te huwen op 8.850 meter boven de zeespiegel! Getuige bij de huwelijksgeloften boven op de top van de wereld was hun vriend en metgezel Kami Sherpa. Omdat het koppel hun families wilde verrassen, hielden ze hun huwelijk op 's werelds hoogste berg geheim tot ze weer gelukkig en wel beneden waren.

© Fotolia, Jörg Hahn

© Fotolia, Jörg Hahn

© Fotolia, Jörg Hahn

a wacky wedding with a breathtaking view

164 feet above sea level, in 15 countries all over the world

© JJ De Neyer / D. Plas, eventsinthesky.com

Dinner in the Sky is a crazy concept: a table, chairs, a center island for staff, and a bar are suspended from a crane. Guests indulge their appetites while dangling their feet in the air. And that's not all—now couples can literally take their wedding to a new level by suspending the entire wedding party, complete with priest and altar, high above the ground. The exact location entirely depends the couple—for example, they might hover over a major city and view it from a whole new vantage point, or look down on wide-open meadows and scan the horizon.

Quelle invention loufoque que ce « dîner dans les airs » : suspendu à une grue, un ensemble de table et de chaises, complété d'un îlot de cuisine et d'un bar, est soulevé très haut dans les airs. Les convives savourent leur repas les pieds dans le vide. Une autre possibilité consiste à prendre de la hauteur en compagnie des invités du mariage et d'un curé. Sans oublier l'autel, bien sûr. Où cela ? Aux mariés de décider s'ils préfèrent une perspective aérienne d'une métropole de renommée mondiale – ce qui serait l'occasion de la voir sous un angle complètement différent – ou bien contempler l'horizon au-dessus de vastes prairies.

Hoog in de lucht dineren is een krankzinnig idee: een tafel, stoelen, een centraal eiland voor het personeel en een bar worden opgehangen aan een kraan. De gasten genieten van het eten terwijl ze met hun voeten hoog in de lucht bengelen. En dat is nog niet alles – nu kunnen koppels letterlijk ook hun huwelijk naar een hoger niveau tillen door het hele huwelijksfeest, volledig met priester en altaar, hoog boven de grond te laten zweven. De exacte locatie hangt volledig van het koppel zelf af: zo kunnen ze boven een grote stad hangen en deze vanuit een heel nieuw gezichtspunt bekijken of ze kunnen neerkijken op open weilanden en de wijde horizon in turen.

© JJ De Neyer / D. Plas, eventsinthesky.com

© JJ De Neyer / D. Plas, eventsinthesky.com

© Péter Vanicsek, eventsinthesky.com

© JJ De Neyer / Triptyque, eventsinthesky.com

© JJ De Neyer / Triptyque, eventsinthesky.com

© Cyrille Struy, eventsinthesky.com

© Gavin Jackson

© Gökyüzünde Yemek

a beastly love: the chinese monkey couple

4.9.2008, Wenling, China

On September 4, 2008, Wukong and his fellow monkey and bride Xiaoya hosted a large wedding at a zoo in Wenling, a major city in the Chinese province of Zhejiang. The celebration was attended by many of the couple's friends, including two large lady bears. During the traditional Chinese ceremony, Wukong was barely able to restrain himself, kissing and stroking his bride several times to demonstrate his great devotion even before the knot was tied. The entire affair was organized by a local wedding planner and a team of the zoo's keepers.

Le 4 septembre 2008, le zoo de Wenling, une mégapole dans la province Zhejiang en Chine, fut la scène d'une grande fête : le mariage des singes Wukong et Xiaoya. Parmi les nombreux amis du couple qui assistèrent à l'évènement, étaient présentes deux ourses adultes. Pendant la cérémonie qui se déroula selon la tradition chinoise et sous la direction d'un organisateur de mariage local et des gardiens du zoo, Wukong avait du mal à se tenir tranquille, embrassant et caressant sa bien-aimée à plusieurs reprises, histoire de bien lui montrer d'emblée tout l'amour qu'il lui voue.

Op 4 september 2008 vergastten Wukong en zijn collega-aap en bruid Xiaoya hun invités op een groots huwelijksfeest in Wenling, een grote stad in de Chinese provincie Zhejiang. De plechtigheid werd bijgewoond door talrijke vrienden van het koppel, waaronder ook twee grote vrouwelijke beren. Tijdens de traditionele Chinese ceremonie kon Wukong zijn emoties maar nauwelijks bedwingen, hij kuste en omhelsde zijn bruid verschillende malen om haar, nog voor de officiële bezegeling van het huwelijk, zijn grote toewijding te tonen. Het hele gebeuren werd georganiseerd door een lokale bruiloftsplanner en een team oppassers van de zoo.

love is not a matter of gender

15.5.2008, San Francisco, USA

© Reuters Pictures

When gay marriage finally became legal in San Francisco in 2004, Phyllis Lyon (79) and Del Martin (83) fulfilled a long-cherished dream. The two activists for same-sex couples' rights had already been living together for over fifty years when they became the first same-sex couple to say "I do" in the State of California. As the minutes passed, thousands of gay couples joined in wedlock — until a judge ruled against life partnerships and annulled all the marriages. It wasn't until summer 2008 that Phyllis and Del were finally able to remarry.

Phyllis Lyon (79) et Del Martin (83) qui envisageaient de se marier depuis longtemps eurent raison d'y croire : en 2004, le mariage homosexuel fut enfin autorisé à San Francisco. Militant pour les droits des couples du même sexe, les deux femmes avaient déjà plus de 50 ans de vie commune derrière elles. Premier mariage homosexuel de l'histoire de San Francisco, leur union fit des milliers d'émules en l'espace de quelques minutes. Jusqu'à ce qu'un juge se prononce contre cette union matrimoniale moderne et ordonne l'annulation de tous les mariages ainsi contractés. Phyllis et Del durent s'y reprendre une deuxième fois en été 2008. Mais cette fois, ce fut pour de bon.

Toen het homohuwelijk in San Francisco in 2004 eindelijk wettelijk werd, kon voor Phyllis Lyon (79) en Del Martin (83) een lang gekoesterde droom eindelijk in vervulling gaan. Beide activisten voor gelijke rechten voor homo- en lesbiennekoppels woonden al meer dan vijftig jaar samen toen ze het eerste koppel van hetzelfde geslacht waren om "I do" te zeggen in de staat California. Naarmate de minuten verstreken, werden ze hierin gevolgd door duizenden homo- en lesbiennekoppels – tot een rechter uitspraak deed tegen levenslange partnerships en alle huwelijken annuleerde. Pas in de zomer van 2008 konden Phyllis en Del hun huwelijksgeloften eindelijk hernieuwen.

marrying on the back of an elephant

all over the world and mainly in India or Asia

© Getty Images

For most couples, marrying on the banks of the Mekong River deep in the Thai jungle is already exotic enough. But the ceremony takes on a very special significance when performed on the back of an elephant. On such occasions, these massive animals are traditionally draped in elegant fabrics, with strains of Thai music and the sensuous fragrances of nature in the background. Bride and groom exchange vows while riding through idyllic bamboo forests and tropical gardens—never again to walk alone.

Un mariage sur les bords du Mékong, dans la jungle thaïlandaise, suffira certainement au bonheur de bon nombre de couples en quête d'exotisme. Avouez cependant que la même cérémonie sur le dos d'un éléphant constitue en quelque sorte la cerise sur le gâteau. Pour l'occasion, ces animaux volumineux sont ornés de nobles tissus comme l'exige la tradition. Au rythme de la musique thaïlandaise, ils cheminent à travers de magnifiques forêts de bambous et des jardins tropicaux aux riches senteurs aromatiques qui invitent le couple à s'engager pour toujours sur un chemin à parcourir ensemble.

Voor de meeste koppels is trouwen aan de oevers van de Mekong rivier diep in de Thaise jungle al exotisch genoeg. Maar de ceremonie krijgt wel een heel bijzondere betekenis wanneer ze plaatsvindt op de rug van een olifant. Bij dergelijke gelegenheden worden deze kolossale dieren gehuld in traditionele, elegante stoffen, met flarden Thaise muziek en de sensuele geuren van de natuur op de achtergrond. Man en vrouw wisselen hun huwelijksgeloften uit terwijl ze door idyllische bamboewouden en tropische tuinen rijden, om vervolgens nooit meer alleen door het leven te gaan.

© Fotolia, Martina Berg

© Anantara Golden Triangle

© Roland Bauer

© Anantara Golden Triangle

© Roland Bauer

a match made in heaven: marriage in space

10.8.2003, Houston, USA

© Associated Press

When the Space Shuttle Columbia disaster left Yuri Malenchenko stranded on the International Space Station, he and his girlfriend Yekaterina asked to be married via satellite. The bride arrived at Houston's Johnson Space Center on August 10, 2003, dressed in an ivory wedding gown. Joined via video link, the couple exchanged their vows and a kiss, but honeymoon had to be postponed until October 2003 when Yuri Malenchenko—the first person to marry in space—returned to Earth.

Le cosmonaute Iouri Malentchenko ne pouvant quitter la station spatiale ISS suite à l'accident de la navette Columbia, lui-même et sa fiancée Ekaterina émirent le souhait de se marier à distance, vœu qui allait finalement être exaucé le 10 août 2003. Vêtue d'une robe de couleur crème, la mariée se rendit au Johnson Space Center de Houston. Puis, c'est par vidéo-transmission que les fiancés échangèrent leurs consentements et un baiser. Le voyage de noces eut lieu en octobre après le retour sur terre d'Iouri Malentchenko, le premier homme à s'être marié dans l'espace.

Toen door de ramp met de Columbia spaceshuttle Yuri Malenchenko in het Internationale Ruimtevaartstation strandde, vroegen hij en zijn vriendin Yekaterina om via satelliet in de echt te worden verbonden. De bruid arriveerde op 10 augustus 2003 in het Johnson Ruimtevaartcentrum in Houston, gekleed in een ivoorkleurige bruidsjurk. Verbonden met een videolink wisselde het koppel hun huwelijksgeloften én een kus uit. De huwelijksreis moest echter worden uitgesteld tot oktober 2003 toen Yuri Malenchenko – de eerste persoon ooit om in de ruimte te trouwen – naar de aarde en zijn kersverse echtgenote terugkeerde.

bow-wows speak vows

31.10.08, New Delhi, India

© Mustafa Quraishi, www.mustafaquraishi.com

What could be more extraordinary than a marriage between two dogs? How about a group marriage between multiple dog couples? Just such a doggy wedding took place in August 2008 in the Indian metropolis of New Delhi. Groomed and clothed by their owners, the shaggy quadrupeds trod the red carpet to their own special wedding ceremony. As a crowd of well-wishers looked on, the canine couples pledged eternal love—whether they'll actually stay together remains to be seen.

Déjà, un mariage entre chiens, ça n'arrive pas tous les jours. Mais que dire alors quand plusieurs couples de chiens se marient en même temps ? Eh bien, c'est ce qui s'est passé en août 2008 à New Delhi, capitale de l'Inde. Bien bichonnés par leurs maîtres et tirés à quatre épingles, ils se rendirent à la cérémonie, non sans défiler sur le tapis rouge déroulé pour l'occasion. Sous le regard admiratif des badauds venus en nombre, ils échangèrent alors les promesses d'amour éternel. Dont on ne sait pas si elles ont toutes été tenues, mais cela c'est une autre histoire.

Wat kan er nog ongewoner zijn dan een huwelijk tussen twee honden? Een groepshuwelijk tussen een hele meute hondenkoppels misschien? Precies zo een hondenbruiloft werd er georganiseerd in augustus 2008 in de Indiaanse metropolis van New Delhi. Mooi geborsteld en net in het pak gestoken door hun eigenaars, trippelden de harige viervoeters over de rode loper naar hun eigen bijzondere huwelijksceremonie. Onder het oog van een enthousiaste menigte beloofden de hondenkoppels elkaar eeuwige trouw. Of ze ook echt samen zullen blijven, valt natuurlijk nog te bezien.

© Mustafa Quraishi, www.mustafaquraishi.com

when avatars fall in love

worldwide, on every computer

Although avatars are computer-generated beings, they're controlled by people—and people can also fall in love as virtual beings. Whole castles are then booked for a wedding, bands are invited to provide background music, and a virtual priest is brought in to marry the couple. But just as in real life, marriages can sometimes fail, in which case the quarreling couple can get a divorce. They can even take drastic action, as did a Japanese woman who simply deleted her male counterpart's avatar after the divorce, thus committing virtual murder.

Pilotés par ordinateur, les avatars sont malgré tout commandés par des personnes en chair et en os susceptibles de s'amouracher en tant que cyber-personnages. Pour un mariage, on peut louer des châteaux entiers, inviter des groupes de musique pour l'animation sonore et engager un curé chargé de prononcer la bénédiction nuptiale. Seulement voilà, tout comme dans la vie réelle, on n'est pas à l'abri d'un échec matrimonial. Tourtereaux précédemment, chien et chat maintenant, le divorce n'est qu'une question de temps. Plus draconienne, suite au divorce, une Japonaise est allée jusqu'à supprimer tout bonnement « son » mari digital, commettant par là un meurtre virtuel.

Alhoewel avatars door de computer geschapen wezens zijn, worden ze door mensen gestuurd – en mensen kunnen ook als virtuele wezens verliefd worden. In dit geval worden hele kastelen geboekt voor een huwelijk, bands worden uitgenodigd om voor achtergrondmuziek te zorgen, een virtuele priester wordt ingeschakeld om het koppel in de echt te verbinden. Maar net als in het echte leven kunnen ook virtuele huwelijken mislukken, waarna het ruziënde koppel een echtscheiding kan krijgen. Ze kunnen zelfs drastische actie ondernemen, zoals een Japanse vrouw deed toen ze de avatar van haar mannelijke partner na de echtscheiding simpelweg wiste en dus eigenlijk een virtuele moord pleegde.

© Siterma

marathon wedding—42 km of love

New York, Boston, Las Vegas

© Associated Press

It's the king of runs: the twenty-six-mile marathon. So it makes sense that endurance runners would combine what is perhaps the most wonderful athletic event of their lives with their own wedding, trotting twenty-six miles toward their shared happiness dressed in full wedding attire. It comes as no surprise that bridal couples have competed in the world-famous New York Marathon, the traditional Boston Marathon and, of course, the marathon in the craziest city in the world, Las Vegas. It's an athletic and challenging idea for life's most wonderful day—and for the wedding party, too!

Il s'agit là de la discipline reine du sport : le marathon et ses 42,195 kilomètres de parcours. Pour les sportifs d'endurance, pourquoi ne pas faire d'une pierre deux coups en se mariant lors de la plus mythique des courses à pied et parcourir conjointement et en tenue de marié(e) les 42 kilomètres menant directement au bonheur à deux ? Plusieurs jeunes mariés avaient ainsi pris le départ du célèbre marathon de New York. De même pour celui de Boston et celui de la ville la plus folle du monde, en l'occurrence Las Vegas. Voilà comment faire du plus beau jour de la vie une journée sportive ô combien exigeante – tant pour les mariés que pour leurs invités !

Het is het ultieme loopnummer: de tweeënveertig kilometer lange marathon. Het is dus nog niet zo gek dat langeafstandslopers hun misschien wel mooiste atletische belevenis willen combineren met hun eigen bruiloft, waarbij ze samen, in vol huwelijksornaat, tweeënveertig kilometer lang hun gedeeld geluk tegemoet lopen. Het mag geen verbazing wekken dat er huwelijksparen hebben meegedaan aan de wereldberoemde marathon van New York, aan de traditionele marathon in Boston en aan de marathon in de meest waanzinnige stad ter wereld, Las Vegas. Alvast een atletisch en uitdagend idee voor de mooiste dag van je leven – en ook voor het huwelijksfeest!

wedding with pontificial blessing

15.10.2000, Vatican/Rome, Italy, 8 couples from 5 continents

It was a celebration of the love between a man and a woman, a celebration in honor of the family: on October 15, 2000, Pope John Paul II married eight couples from five continents in a ceremony in St. Peter's Square at the Vatican. The Pope—already eighty years old at the time—wedded the happy couples in a solemn ceremony in commemoration of the Holy Year of the Catholic Church, bestowing God's blessing on their journey together. Blessings don't get any higher than that!

Ce fut la fête de l'amour entre l'homme et la femme, une célébration en l'honneur de la famille. Le 15 octobre 2000, se tint sur la Place Saint-Pierre au Vatican une cérémonie solennelle dans le cadre de l'année sainte de l'église catholique. Au cours de cette fête, le pape Jean-Paul II, alors âgé de 80 ans, déclara mari et femme huit couples originaires de cinq continents différents. Puis, il leur donna la bénédiction divine pour le chemin à parcourir ensemble. Les mariés avaient toutes les raison d'être heureux. Ils venaient d'obtenir le summum des bénédictions.

Het was een viering van de liefde tussen een man en een vrouw, een viering ter ere van het gezin: op 15 oktober 2000 huwde Paus Johannes Paulus II acht koppels uit vijf continenten tijdens een plechtigheid op het St. Pietersplein in Vaticaanstad. De Paus – op dat ogenblik al tachtig jaar oud – verbond de gelukkige koppels in de echt tijdens een plechtige viering ter gelegenheid van het Heilige Jaar van de katholieke kerk en schonk hun God's zegen op hun gezamenlijke reis. Hogere zegeningen dan deze kan een mens alvast niet krijgen.

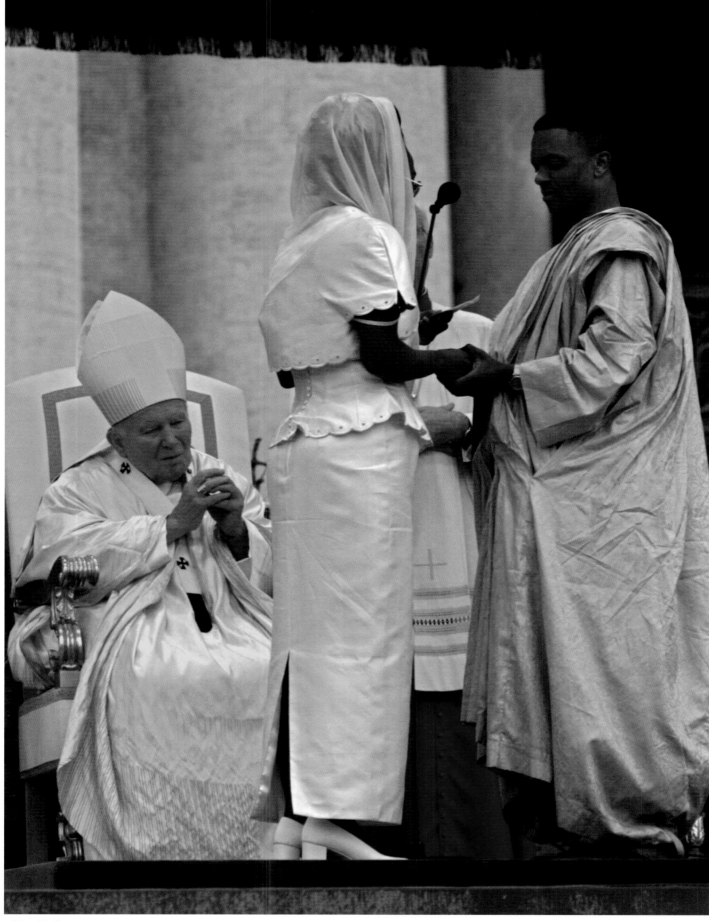

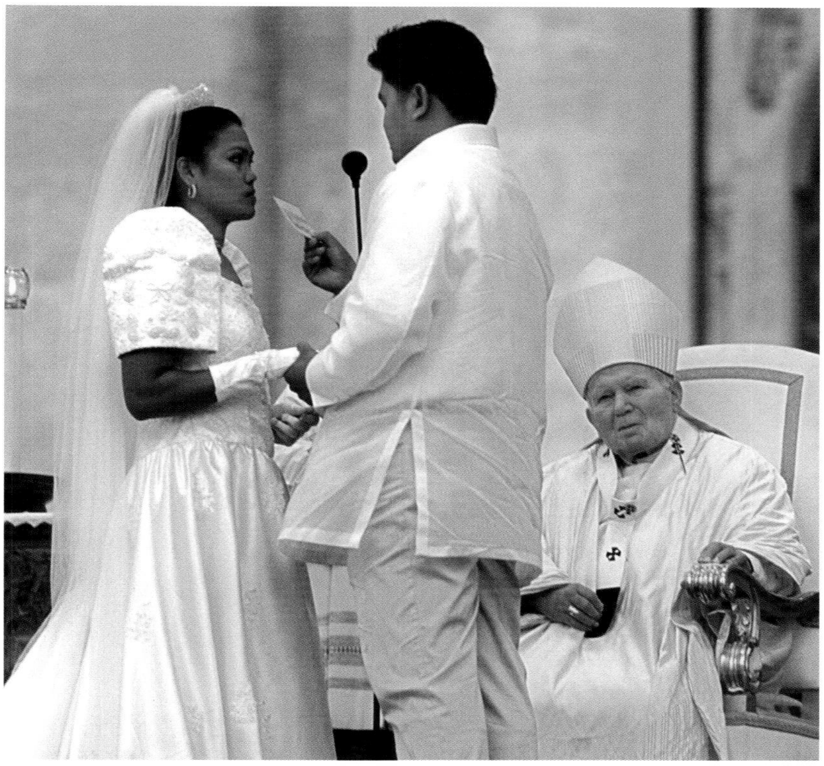

© Associated Press

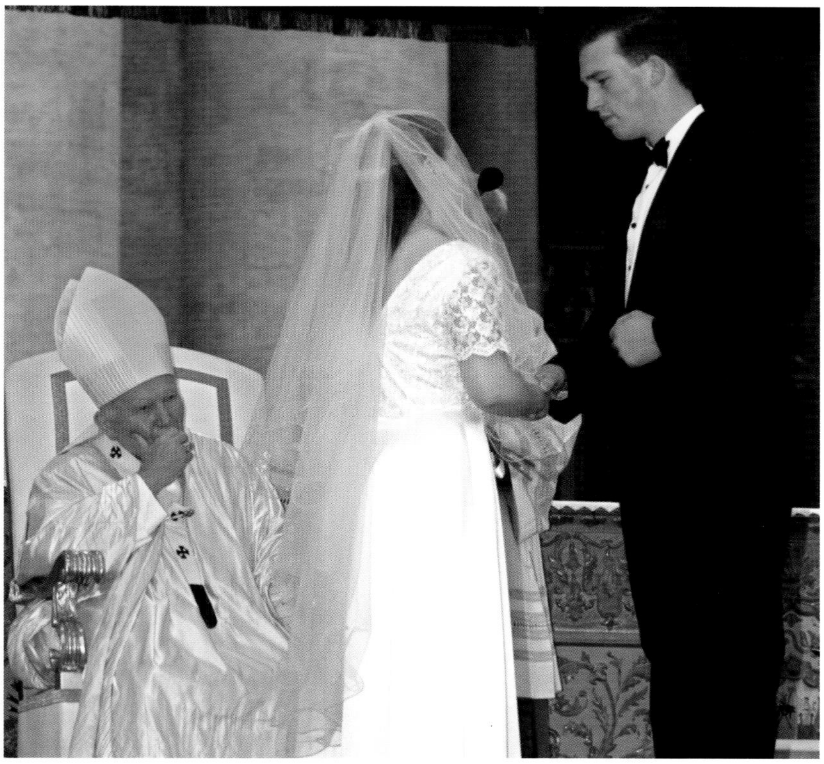

© Associated Press

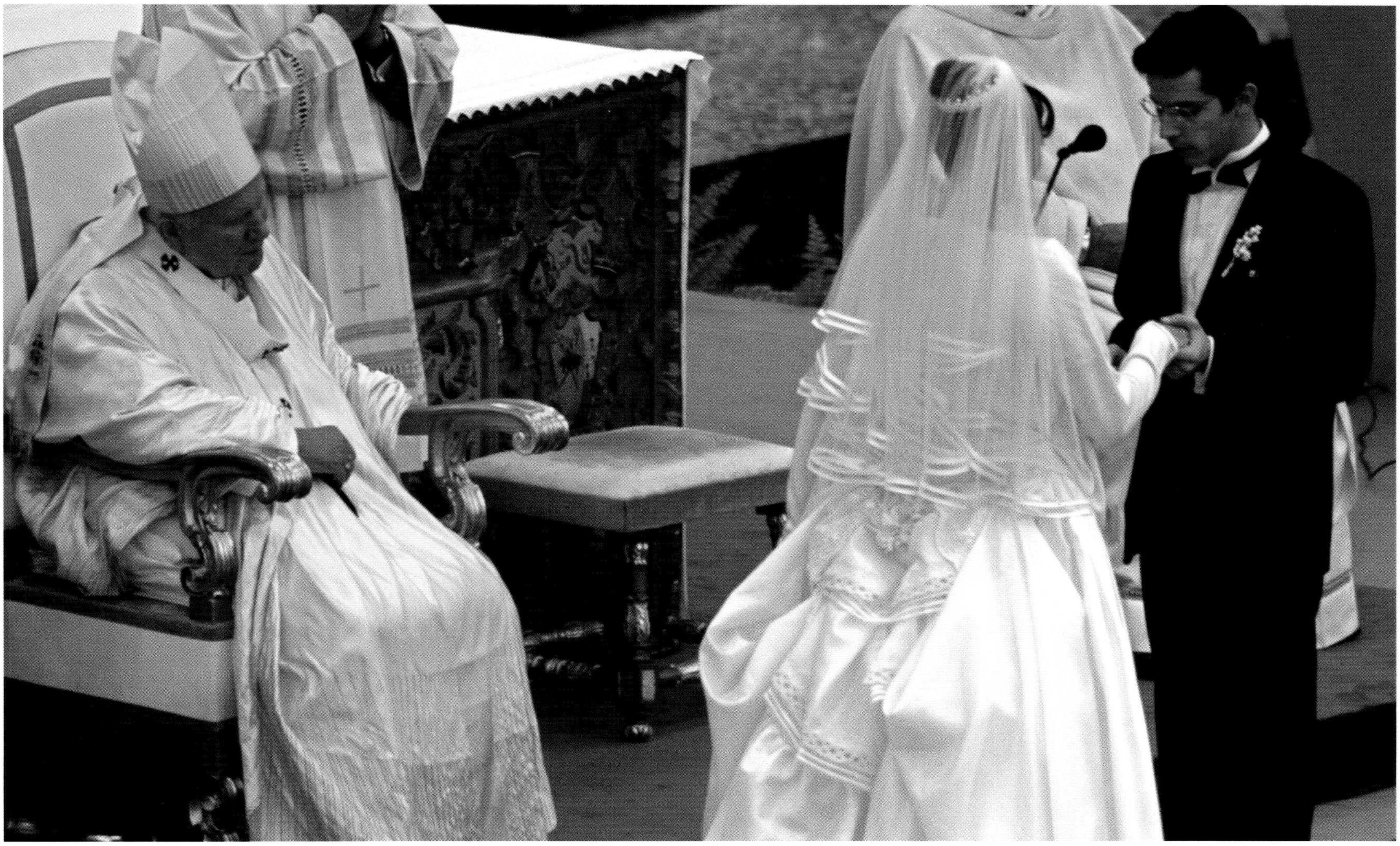

© Associated Press

content

blubb, I will—the diving wedding

in every beautiful ocean on our world

© Fotolia, Derek Broussard

The Great Barrier Reef is the world's largest living coral reef, so large that it's even visible from space. As habitat for over fifteen hundred known species of fish and almost eight thousand other species, it's one of the natural wonders of the world. It's also a heavenly venue for nature lovers and diving fanatics to hold their weddings. Scuba tanks and regulators supplement the traditional bridal gown and wedding suit, as couples say "I glub-glub do" beside a multicolored coral bank, or deep down under the sea before thousands of shimmering witnesses.

C'est le plus grand récif corallien vivant dans le monde, on le voit même depuis l'espace : c'est la Grande Barrière de Corail. Biotope de presque 10 000 espèces dont 1 500 sont recensées parmi les seuls poissons, elle compte parmi les merveilles naturelles de la planète. Pour les fans de la nature et la plongée, voilà un décor sublime en vue d'une cérémonie de mariage. Munis de bouteilles d'oxygène et de recycleurs, en plus de la robe et du costume de circonstance, les futurs époux se dirigent vers un banc de corail haut en couleurs ou dans les profondeurs de cette eau bleue pour finalement y prononcer le « Bloup, je le veux » en présence d'une multitude de témoins chatoyants.

Het Great Barrier Reef is 's werelds grootste levende koraalrif, zo groot dat het zelfs vanuit de ruimte zichtbaar is. Als habitat voor meer dan vijftienhonderd gekende soorten vis en bijna achtduizend andere soorten, is het een van 's werelds natuurwonderen. Dat maakt het voor natuurliefhebbers en duikfanatici natuurlijk ook een hemelse locatie om zich in de echt te laten verbinden. Zuurstoflessen en regelapparatuur vergezellen het traditionele trouwkleed en – kostuum terwijl koppels "Ja – blub-blub – ik wil" zeggen naast een veelkleurige koraalbank of diep onder de zee voor duizenden glinsterende getuigen.

© Palm Cove Weddings

© Palm Cove Weddings

© Palm Cove Weddings

© Gavin Jackson

bungee wedding—falling head over heels

for every brave couple, in many countries

© JJ De Neyer / D. Plas

For many couples, a conventional wedding is already enough of an adrenalin high. But for those who want an extra kick, AJ Hackett has just the thing: this international Bungee Jumping provider offers his guests in Cairns, Australia, a chance to seal their vows while in free fall. Bride and groom literally take the plunge, dropping over 50 meters into marital bliss—and bound together by a thick bungee cord. So it's not unusual for a soft and tender "I do" to become a full-out "I dooooooooooooooo!"

Pour beaucoup de couples, le mariage à lui seul déclenche déjà une bonne poussée d'adrénaline. Ceux qui en veulent plus, n'ont qu'à s'adresser à AJ Hackett, une société internationalement connue qui organise des sauts à l'élastique et propose même aux couples de convoler en justes noces, ou plutôt en chute libre, du côté de Cairns en Australie. Ce moment de grande intensité voit les fiancés plonger ensemble dans le bonheur en faisant un saut d'une cinquantaine de mètres – solidement attachés l'un à l'autre avec une grosse corde élastique. Il va sans dire qu'au lieu d'un « Oui, je le veux » quasi inaudible, les époux auront droit à un « Ouiiiiiiiiiiiiii » retentissant.

Voor veel koppels zorgt een conventioneel huwelijk al voor genoeg adrenaline. Maar voor hen die een extra kick willen, heeft AJ Hackett dé oplossing: deze internationale bungeejumpingpromotor biedt zijn gasten in Cairns, Australië, de kans om hun geloftes in vrije val te bezegelen. Bruid en bruidegom wagen letterlijk de sprong om 50 meter lager het huwelijksgenot te vinden, met elkaar verbonden door een dik bungeetouw. Het is er dan ook niet ongebruikelijk dat een zachte, tedere "Ik wil" plaats maakt voor een lang uitgerekte "Ik wiiiiiiiiiiiiiiiil"

fairy tale wedding in a fairy grotto

The Saalfeld Fairy Grottoes, Germany

© Feengrotte Saalfeld

The Saalfeld Fairy Grottoes are among the most beautiful stalactite grottoes in Germany. Their palette of a hundred different shades of brown has even earned them a mention in the Guinness Book of World Records as the most colorful caves of their type. Surrounded by this magical wonder of nature, romantic couples seeking a wedding day to remember recite their vows inside the grottoes' Fairy Tale Cathedral. In the glittering light of thousands of crystals, bride and groom exchange rings—perhaps even with the fabled fairies themselves as witnesses.

La Grotte aux fées de Saalfeld fait partie des plus belles grottes de concrétion en Allemagne. Grâce à la centaine de nuances marron qui font sa richesse, elle figure dans le Guinness des records comme la grotte la plus colorée en son genre. C'est au beau milieu de cette merveille de la nature enchanteresse, dans la partie de la grotte appelée cathédrale féerique, que les couples romantiques, à la recherche d'un décor d'exception, scellent leur union. Dans la lumière étincelante de milliers de cristaux, les époux se glissent mutuellement les alliances au doigt. Et qui dit que les fées légendaires ne se joindraient pas à la cérémonie en tant que témoins ?

De Saalfeld Sprookjesgrotten behoren tot de mooiste stalactietengrotten van Duitsland. Het kleurenpalet van een honderdtal verschillende tinten bruin leverde hen zelfs een vermelding in het Guinness Book of World Records op als kleurrijkste grotten van hun type. Omgeven door dit magische wonder der natuur reciteren romantische koppels op zoek naar een onvergetelijke dag hun huwelijksgeloften in de 'Sprookjeskathedraal' van de grotten. In het schitterende licht van duizenden kristallen wisselen bruid en bruidegom hun ringen uit, misschien zelfs met de fabelachtige feeën zelf als getuigen.

up, and away—marrying in a hot-air balloon

for brides and grooms, which are free from giddiness

Whether you stay close to home, hover over your favorite city, or float high above an endless ocean, hot-air balloons can take you anywhere—and anywhere you go can be the location of your wedding! All you need is a justice of the peace or minister who has no fear of heights, and soon you'll be saying your "I do" at dizzying altitudes. Because most balloon baskets can hold no more than six to twenty passengers, balloon weddings are usually very small affairs, although larger groups are possible if distributed over multiple balloons. The result is simply heavenly!

Au-dessus de chez soi, de sa ville préférée ou encore de l'océan – les voyages en montgolfière se font partout et comprennent même le mariage à bord. Avant de s'élancer pour un mariage dans les airs, s'assurer que le curé ou l'officier de l'état civil n'a pas le vertige. Comme la capacité des nacelles est en général de six à vingt personnes, ces vols en montgolfière se prêteront davantage aux mariages en petit comité. Si les invités sont plus nombreux, ils pourront toujours se répartir sur plusieurs montgolfières. Sensations célestes garanties.

Of je nu dichtbij huis blijft, over je favoriete stad zweeft of hoog boven een eindeloze oceaan drijft, heteluchtballons kunnen je eender waar naartoe brengen en je kan dan ook eender waar trouwen. Al wat je nodig hebt, is een ambtenaar van de burgerlijke stand of priester die geen hoogtevrees heeft en je kan op duizelingwekkende hoogtes je jawoord geven. Omdat de meeste ballonkorven niet meer dan zes tot twintig passagiers kunnen dragen, zijn ballonhuwelijken doorgaans intieme aangelegenheden, alhoewel grotere groepen verspreid over meerdere ballons altijd mogelijk zijn. Het resultaat is gewoonweg hemels!

© Wolwedans

© Wolwedans

04 wedding atop the empire state building

every year on Valentine's Day, New York, USA

It's glamorous, exciting, and sets the pace for the rest of the world—no wonder so many couples choose New York City as the place to recite their vows. And the most coveted date of all is February 14th, because Valentine's Day is the one day of the year when New York allows couples to marry on top of the Empire State Building. In order to qualify for this unique wedding venue, interested couples must submit an application. Only those who can come up with a reason that's unusual enough to win over a jury will be among the lucky few to marry high atop New York's tallest building.

Glamoureuse et excitante, New York est une ville qui donne le ton. Et ce, à l'échelle planétaire. Il n'est dès lors pas étonnant de voir autant de couples s'y marier. A fortiori le 14 février, date à laquelle, exceptionnellement, les cérémonies de mariage peuvent se dérouler sur l'Empire State Building. Mais pour faire partie des heureux élus admis au mariage sur le plus haut bâtiment new-yorkais le jour de la Saint-Valentin, il faudra au préalable poser une candidature qui convainque le jury. En effet, seuls seront retenus les candidats ayant exposé leurs motifs de la façon la plus originale et insolite.

Ze is betoverend en opwindend en ze geeft het tempo aan voor de rest van de wereld – geen wonder dus dat zoveel koppels New York City uitkiezen als de plek om hun huwelijksgeloften uit te spreken. En de meest geliefde datum van allemaal is natuurlijk 14 februari, Valentijnsdag. Want alleen op die dag geeft New York de toelating om boven op Empire State Building te huwen. Om voor deze unieke trouwlocatie in aanmerking te komen, moeten belangstellende koppels een aanvraag indienen. Alleen diegenen die met een reden komen die voldoende origineel is om een jury te overtuigen, zullen bij de weinige gelukkigen zijn die boven op New York's hoogste gebouw in de echt worden verbonden.

a robinson crusoe wedding

Dominica or many other tropical islands

© www.dominica.dm

For those who love adventure and have a taste for the exotic, nuptials in a tropical jungle are the perfect choice. On the Caribbean island of Dominica, couples can celebrate their wedding beside one of the spectacular jungle waterfalls, beneath a leafy canopy of primeval jungle and surrounded by colorful birds and butterflies, on a tropical lake, or even on a small, secluded beach. It's a wildly romantic setting that's also the perfect environment for an unforgettable honeymoon.

Pour les esprits aventuriers et les amateurs d'exotisme, il n'y a rien de tel qu'un mariage dans le décor unique de la jungle tropicale. En Dominique, cette île des Caraïbes, les mariés peuvent se dire oui devant un torrent spectaculaire, sous un toit de feuilles d'arbres gigantesques de la forêt vierge, entourés d'oiseaux et de papillons de toutes les couleurs, au bord d'un lac tropical ou encore sur une petite plage isolée. Sauvage et romantique, le cadre se prêtera tout autant à une lune de miel inoubliable.

Voor diegenen die houden van avontuur en het exotische is een huwelijksfeest in de tropische jungle de perfecte keuze. Op het Caraïbische eiland Dominica kunnen koppels hun bruiloft vieren aan een van de spectaculaire junglewatervallen, onder een bladerdak van ongerept oerwoud temidden kleurrijke vogels en vlinders, op een tropisch meer of zelfs op een klein verlaten strand. Een waanzinnig romantisch decor en meteen ook de perfecte omgeving voor een onvergetelijke huwelijkreis.

© www.dominica.dm

© Jungle Bay Dominica

© Jungle Bay Dominica

© Jungle Bay Dominica

© Jungle Bay Dominica

© Jungle Bay Dominica

© Jungle Bay Dominica

go team go!—marriage in a soccer stadium

in lots of famous soccer, football and basketball stadiums

© Associated Press

For soccer fans, the stadium of their favorite team can be like a home away from home—so what better place to tie the knot? Some stadiums, including the Old Trafford in Manchester and the Arena auf Schalke in the German town of Gelsenkirchen, are already offering wedding venues overlooking the sacred turf. Other soccer stadiums, such as Munich's Allianz Arena, provide luxurious suites for the wedding party. This gives a brand-new, romantic meaning to the beloved soccer anthem, "You'll Never Walk Alone."

Souvent, les fans de foot considèrent le stade dans lequel évolue leur équipe favorite comme leur deuxième maison. Quoi de plus naturel donc que de s'y marier ? Dans certains stades, cela peut déjà se faire avec en prime une vue imprenable sur la pelouse sacrée. Citons comme exemples le fameux Old Trafford à Manchester ou, du côté de Gelsenkirchen, l'Arena auf Schalke. D'autres stades, comme l'Allianz Arena de Munich proposent des loges luxueuses pour les fêtes de mariage. A n'en pas douter, le chant mythique « You'll never walk alone » acquiert ici une signification nouvelle, pleine de romantisme.

Voor voetballiefhebbers kan het stadion van hun favoriete team een thuis weg van huis zijn – misschien wel de ideale plek dus om er te trouwen. Een aantal stadia, zoals 'Old Trafford' in Manchester en de 'Arena auf Schalke' in het Duitse Gelsenkirchen bieden nu al trouwlocaties aan met zicht op de heilige grond van het voetbalveld. Andere voetbalstadia, zoals de Münchense Allianz Arena, voorzien luxesuites voor het huwelijksfeest. Dit geeft al weer een heel nieuwe, romantische betekenis aan de populaire voetbalhymne "You'll Never Walk Alone".

skydiving weddings—taking the big plunge

where ever crazy couples "fall" into love

Free-falling for about a minute before floating down to earth together—for skydiving couples, this is often what they find most appealing about this crazy and unconventional type of wedding. Whether the vows are spoken on the plane or shouted out during the drop is a matter of taste. In either case, a number of skydiving organizers and wedding planners are offering skydiving wedding packages that also include a skydiving wedding photographer.

Plonger pendant une minute en chute libre avant de planer ensemble vers le sol. Voilà l'idée qui réjouit le plus les couples de parachutistes lorsqu'ils font des plans pour ce genre de mariage, à la fois fou et unique en son genre. Ensuite, c'est à eux de choisir s'il vaut mieux prononcer le « oui » dans l'avion ou plutôt le hurler lors de la chute. Toujours est-il qu'à l'heure actuelle, plusieurs entreprises organisatrices de sauts en parachute et de mariages proposent une offre tout compris, qui inclut la présence d'un photographe pour des clichés en plein vol.

Een vrije val maken van ongeveer één minuut alvorens samen opnieuw naar de aarde te zweven, voor veel skydivingkoppels is zulk een waanzinnige en onconventionele huwelijksceremonie de max. Of de huwelijksgeloftes nu op het vliegtuig worden uitgesproken of tijdens de val worden uitgeroepen, dat is een kwestie van smaak. Wat er ook van zij, een aantal skydivingorganisatoren en bruiloftsplanners bieden nu ook 'bruiloften in vrije val' aan, inclusief fotograaf.

ice princess marries snow prince

Hunderfossen Ishotellet, Lillehammer, Norway

So you don't believe the fiery passions of love are compatible with the icy cold of a Norway winter? Adoring couples who've visited the Hunderfossen Winterpark are quick to disagree. Here, bride and groom enter an Ice Cathedral featuring magical light shows, soft music and fascinating ice sculptures, an almost surreal world where the celebration carries on even after the ceremony is over. A bar made of ice and snow warms guests with hot drinks, and the Troll Restaurant invites them to a grand party amidst gigantic troll statues.

Inconciliables les feux de l'amour et les températures glaciales de la Norvège hivernale ? Que non, selon le Hunderfossen Vinterpark qui apporte aux couples d'amoureux la preuve du contraire. Devant les futurs époux se dresse une cathédrale de glace avec des jeux de lumière magiques, de la musique douce et d'admirables sculptures de glace. Dans ce monde presque irréel, il y a de quoi prolonger la fête bien au-delà de la cérémonie. Un bar de glace et de neige propose des boissons chaudes tandis que de son côté, le restaurant Trollsalen invite à une grande fête entre de gigantesques statues de trolls.

Jij gelooft dus niet dat de stormachtige passies van de liefde compatibel zijn met de ijzige koude van een Noorse winter? Liefhebbende koppels die het Hunderfossen Winterpark bezochten, zullen er direct anders over denken. Hier treden bruid en bruidegom binnen in een IJskathedraal met magische lichtshows, zachte muziek en fascinerende ijssculpturen, een bijna surrealistische wereld waar de ceremonie doorgaat wanneer ze eigenlijk al voorbij is. Een bar gemaakt van ijs en sneeuw verwarmt de gasten met warme dranken en het Trollenrestaurant nodigt hen uit voor een grootse party temidden gigantische trollensculpturen.

© Hunderfossen Vinterpark

© Hunderfossen Vinterpark

© AP Photo, Karl Ritter

© Hunderfossen Vinterpark

© Hunderfossen Vinterpark

getting hitched in the wild west

Grand Canyon, Arizona, USA

Imagine a ranch with horses, buckboards, and the picturesque Grand Canyon in the background. It's the perfect setting for a Western—and for getting hitched cowboy-style! Thanks to Heli USA and the Grand Canyon West Ranch at the foot of Nevada's Spirit Mountain, couples can spend the most beautiful day of their lives in these very surroundings, with all the trimmings: a spectacular helicopter ride over the Grand Canyon, a cowboy wedding back at the ranch, a horse-drawn wagon to transport the bridal party, and a good old-fashioned gunfight in the tradition of Billy the Kid.

Un ranch avec des chevaux et une roulotte devant le pittoresque Grand Canyon. Le décor parfait pour un film western, mais aussi et surtout pour un mariage western ! Pour le plus beau jour de la vie, c'est justement ce cadre fascinant que proposent Heli USA et le Grand Canyon West Ranch qui se trouve au pied de Spirit Mountain au Nevada. Voilà qui promet : un vol spectaculaire en hélicoptère pour survoler le Grand Canyon, un mariage western dans un ranch, une roulotte pour l'entrée solennelle de la mariée et un périlleux exercice de tirs qui n'est pas sans rappeler Billy the Kid.

Stel je een ranch voor met paarden, vierwielige karretjes en de pittoreske Grand Canyon op de achtergrond. Het perfecte decor voor een western – en voor een bruiloft in cowboystijl! Dankzij Heli USA en de Grand Canyon West Ranch aan de voet van Nevada's Spirit Mountain kunnen koppels in deze bijzondere omgeving de mooiste dag van hun leven beleven, met alles erop en eraan: een spectaculaire helikoptervlucht boven de Grand Canyon, bij terugkeer aan de ranch een heuse cowboybruiloft, met paard en kar naar het huwelijksfeest en een goed ouderwets schietgevecht in de traditie van Billy the Kid.

04 ride the orient express to happiness

trains and hotels in Europe, Asia and South America

© Fotolia, Anne Carie

Not only is the Orient Express one of the most famous railways in the world, but its majestic trains and associated hotels are also an extremely popular and exclusive wedding venue. The Royal Scotsman, one of the world's leading luxury trains, finally has its marriage license, and for a truly magnificent wedding, you can even charter the entire tradition-laden train. Extravagant details, such as a red carpet for the wedding party and Scottish bagpipers, add the final touches to a perfect wedding scenario.

L'Orient-Express est probablement le train le plus célèbre au monde. Ses somptueux wagons et les non moins somptueux hôtels qui y sont liés constituent un cadre exclusif très apprécié par ceux qui désirent s'unir pour la vie. Quant au train de luxe « Royal Scotsman », il est agréé pour la célébration de mariages civils. Ceux qui veulent vraiment marquer le coup, ont donc la possibilité d'affréter ce superbe véhicule historique dans son intégralité. La fête est parachevée par des détails extravagants tels qu'un tapis rouge pour l'arrivée des invités et la présence de joueurs de cornemuse venus d'Ecosse.

De Oriënt Express is niet alleen een van de beroemdste spoorweglijnen ter wereld, haar majestueuze treinen en de eraan verbonden hotels vormen ook bijzonder populaire en exclusieve trouwlocaties. Zo heeft The Royal Scotsman, één van 's werelds meest luxueuze treinen, eindelijk zijn huwelijkslicentie gekregen en voor een echt schitterend feest kan je zelfs de volledige, in traditie badende trein charteren. Extravagante details zoals een rode loper voor de huwelijksgasten en Schotse doedelzakspelers zorgen voor de final touch van een perfect trouwscenario.

04 deep romance at forty feet under the sea

opening 2010, Fiji Island

As perhaps the most beautiful and romantic islands in the world—both above and below the water—the Fijis are a wedding paradise. Couples who dream of marrying there and who also want to see a fascinating underwater world without getting their feet wet can now do both in spectacular glass suites forty feet below the ocean's surface, overlooking a multicolored coral garden. Under the curious gaze of colorful reef fish, bride and groom can say their "I do" while family and friends experience the unconventional ceremony on shore via video.

Au-dessus comme au-dessous de la surface de l'eau, les îles Fidji figurent parmi les plus belles îles du monde. Et les plus romantiques. Bref, un vrai paradis nuptial. Ceux qui comptent s'y marier tout en contemplant, sans se mouiller, le merveilleux monde sous-marin peuvent le faire à 12 mètres de profondeur à l'intérieur d'une spectaculaire suite en verre, donnant sur des jardins de coraux riches en couleurs. Les époux échangent leur promesse de mariage sous le regard curieux des poissons multicolores évoluant autour des récifs, une cérémonie extravagante que les proches peuvent suivre en vidéo depuis la plage.

De Fiji's, misschien wel de mooiste en meest romantische eilanden ter wereld, zowel boven als onder water, zijn een echt trouwparadijs. Koppels die ervan dromen hier te trouwen en die ook een fascinerende onderwaterwereld willen zien zonder hun voeten nat te maken, kunnen nu beide combineren in spectaculaire glazen suites twaalf meter onder het zeeoppervlak, met zicht op een veelkleurige koraaltuin. Onder de nieuwsgierige blikken van kleurrijke vissen geven bruid en bruidegom elkaar het jawoord terwijl familie en vrienden de ongewone ceremonie aan land op video kunnen volgen.

a private paradise for newlyweds

Necker Island and many other beatiful private islands

© Fotolia, Claus Mikosch

Sir Richard Branson's Necker Island, located in the British Virgin Islands, is a private paradise nestled in the gorgeous turquoise waters of the Caribbean. Couples can rent the entire palm-covered tropical island, including staff, for around fifty thousand dollars. It's the perfect venue for hosting a wedding without interference from the outside world. With room for up to twenty people, this Caribbean jewel may not be suitable for huge parties, but it's the ideal setting for a small, intimate celebration.

Besoin de vacances ? La solution se nomme Necker Island. Située au beau milieu de l'archipel des Iles Vierges britanniques, bordée de palmiers et entourée de la magnifique eau turquoise des Caraïbes, cette île tropicale, qui est la propriété privée de Sir Richard Branson, peut être louée pour environ 50 000 dollars, personnel inclus. L'endroit idéal pour une fête de mariage en toute tranquillité. Si ce bijou des Caraïbes, qui peut accueillir jusqu'à vingt personnes, ne se prête pas forcément à des fêtes énormes, il est le nec plus ultra pour les petites réunions intimes.

Sir Richard Branson's Necker Island, gelegen in de Britse Maagdeneilanden, is een privé-paradijs in de prachtige turkooise wateren van de Caraïben. Koppels kunnen er het hele tropische palmbomen-eiland, inclusief personeel, huren voor ongeveer vijftigduizend dollar. Het is het perfecte decor voor het organiseren van een bruiloft ver van de nieuws-gierige buitenwereld. Dit Caraïbische juweeltje biedt wel slechts plaats aan ongeveer twintig mensen en is dus niet meteen geschikt voor grote feesten. Voor een kleine, intieme viering blijft het echter wel de ideale setting.

captain nemo wedding in the submarine

Grand Bay, Mauritius

© Blue Safari

There are plenty of stories about fanatical divers and their exotic underwater weddings. But what do you do if you don't have a diving license? Blue Safari, based on the island of Mauritius, has the perfect solution: a glass submarine that transports bride, groom, two witnesses, and a justice of the peace down to a depth of 35 meters. The marriage ceremony is conducted in the romantic calm of the deep blue sea, surrounded by colorful fishes, a sandy ocean floor, and multicolored corals. Of course, all the traditional frills are included—even champagne!

On entend régulièrement parler de ces fascinants mariages subaquatiques que se paient les mordus de la plongée. Mais que faire quand on n'a pas le brevet de plongée ? La solution idéale se trouve sur l'île Maurice et se nomme Blue Safari. Il s'agit là d'un sous-marin vitré à bord duquel les conjoints, les deux témoins de mariage ainsi que l'officier de l'état civil descendent à 35 mètres de profondeur. Des poissons multicolores, un fond de mer sablonneux et des coraux riches en couleurs encadrent la cérémonie qui se déroule dans le silence romantique de l'océan profond. Tout y est, même le champagne, cela va de soi.

Er doen heel wat verhalen de ronde over fanatieke duikers en hun exotische onderwaterhuwelijken. Maar wat doe je als je geen duiklicentie hebt? Blue Safari, gevestigd op het eiland Mauritius, biedt de perfecte oplossing: een glazen onderzeeër brengt bruid, bruidegom, getuigen en een ambtenaar van de burgerlijke stand naar een diepte van 35 meter. De huwelijksceremonie wordt voltrokken temidden de romantische rust van de diepe blauwe zee, met zicht op kleurrijke vissen, de zandbodem van de oceaan en veelkleurige koralen. En natuurlijk zijn ook alle traditionele tierlantijntjes inbegrepen – zelfs champagne!

© Blue Safari

© Blue Safari

© Blue Safari

marrying in the yukon bear's forest

Yukon, Canada, during the whole year

© Fotolia, Joss

The vast and lonely landscape of the Yukon—or the "real Canada" as it is often called—is breathtakingly beautiful, with its crystal-clear lakes, thundering whitewater rivers, snow-covered mountains, and virgin forests inhabited by bears and wolves. It's an ideal destination for anyone who's especially close to nature—and for anyone who wants to get married in this environment. A number of organizers offer midnight weddings on mountaintops, on rivers, on dogsleds, or in the glow of the fluorescent Northern Lights. The most beautiful day of a couple's life can also be one of their most beautiful experiences of nature.

Le paysage vaste et solitaire du Yukon, souvent appelé le « vrai Canada », est d'une beauté époustouflante : lacs cristallins, rivières torrentielles, montagnes enneigées et forêts naturelles que se partagent les ours et les loups. La destination idéale pour tous les amateurs de la nature désireux de se marier dans un tel environnement. Plusieurs opérateurs proposent aux couples de sceller leur union sur un sommet de montagne à minuit, au bord d'un fleuve, dans un traîneau tiré par des chiens ou dans la lueur fluorescente de l'aurore boréale. Ainsi, le plus beau jour de la vie est aussi celui de l'une des belles expériences que l'on puisse faire dans la nature.

Het enorme, onbewoonde landschap van de Yukon – ook wel het "echte" Canada genoemd – is adembenemend mooi, met kristalheldere meren, prachtige wildwaterrivieren, met sneeuw bedekte bergen en maagdelijke wouden bewoond door beren en wolven. Een ideale bestemming dus voor al wie een nauwe band heeft met de natuur – en voor al wie zich in deze omgeving in de echt wil laten verbinden. Een aantal organisatoren biedt middernachtsbruiloften aan op bergtoppen, op rivieren, op hondensleeën of in de gloed van het fluorescente noorderlicht. De mooiste dag in het leven van een koppel kan dus ook een van hun mooiste natuurervaringen ooit worden.

© Fotolia, Dmitrij

© Fotolia, Andreas Edelmann

© Fotolia, Mat Hayward

© Stephan Brueckner, wolwedans

The NamibRand Nature Reserve is probably the largest private nature reserve in southern Africa. Its most attractive feature is the diversity of its fascinating landscape. Vast stretches of sand, imposing mountains, and endless grassy steppes interspersed with red dunes combine to form a rich tapestry of colors and shapes. Couples wanting to marry in this magical setting will find the perfect matrimonial environment in the luxurious Wolwedans Dunes Lodge. There's nothing more beautiful than exchanging vows on top of a dune at sunset. And newlyweds who choose this site for their honeymoon are also in for a memorable experience.

La réserve naturelle du NamibRand est probablement le plus grand parc naturel privé de l'Afrique méridionale. La diversité de son superbe paysage lui confère un charme tout particulier. De fait, les vastes surfaces sablonneuses, les montagnes imposantes et les savanes infinies, seulement interrompues par des dunes rouges, créent un tapis aux formes et couleurs multiples. Le décor est donc planté et les luxueux Wolwedans Lodges s'accordent parfaitement à cette ambiance. Qu'y a-t-il de plus beau que de se dire oui sur une dune au lever de soleil ? Et difficile aussi de trouver mieux pour la lune de miel.

Het NamibRand Natuurreservaat is wellicht het grootste privé-natuurreservaat in zuidelijk Afrika en biedt een enorme diversiteit van fascinerende landschappen. Uitgestrekte zandvlaktes, indrukwekkende bergen en eindeloze grassteppen doorspekt met rode duinen vormen samen een rijkgeschakeerd tapijt van kleuren en vormen. Koppels die in dit magische decor willen trouwen, vinden hiervoor de perfecte omgeving in het luxueuze Wolwedans Dunes Lodge. Niets gaat boven het uitwisselen van de huwelijksgeloften boven op een duin bij zonsondergang. En pasgehuwden die deze plek voor hun huwelijksreis uitkiezen, kunnen zich ook al aan een memorabele ervaring verwachten.

© wolwedans

© Stephan Brueckner, wolwedans

© Stephan Brueckner, wolwedans

© Stephan Brueckner, wolwedans

© wolwedans

© wolwedans

04 florida's floating wedding chapel

Tampa Bay, Florida

To marry in a chapel as it gently rocks on the calm waters off Florida's coast—is that your dream? If so, your dream can become a reality in America's first floating church. While the captain conducts the ceremony inside the elegant chapel, attendees enjoy a divine view of rippled Atlantic waters and white, sandy beaches through the many windows. As the sun sets into the ocean, the celebration is bathed in a romantic light in this unforgettable combination of tradition with the natural beauty of the Florida coast.

Se marier dans une chapelle qui tangue douce-ment sur le dos de vagues paisibles au large de la Floride. Utopique ? Non, car avec la première église flottante d'Amérique, ce rêve devient réa-lité. Célébré par un capitaine, ce mariage offre des vues de rêve sur la surface ondulante de l'Atlanti-que et sur ses blanches plages, à travers les nom-breux vitraux de cette charmante chapelle. Le soir venu, celle-ci est envahie par la lumière romantique que diffuse un coucher de soleil sur la mer. Voici comment associer de façon inoubliable tradition et beauté naturelle de la côte de Floride.

Trouwen in een kapel terwijl deze zachtjes schom-melt op de kalme wateren aan de kust van Florida, het zou ook jouw droom kunnen zijn. Als dit zo is, dan kan deze droom werkelijkheid worden in Ame-rika's eerste drijvende kerk. Terwijl de kapitein de ceremonie in de charmante kapel leidt, kunnen de genodigden doorheen de vele ramen genieten van een goddelijk zicht op de zacht kabbelende Atlan-tische wateren en de witte zandstranden. Terwijl de zon ondergaat in de zee, baadt de plechtigheid in een romantisch licht bij deze onvergetelijke com-binatie van traditie met de natuurlijke schoonheid van de kust van Florida.

© Weddings on Water

© Weddings on Water

© Weddings on Water

a wedding in the jurong bird park

Jurong Bird Park, Singapore, China

© Jurong Bird Park, Singapore

The Jurong Bird Park in Singapore is an earthly paradise that impresses visitors with its 1,001 flamingoes and more than 8,000 other colorful birds, representing over 600 different species. Covering about fifty acres and containing the world's tallest man-made waterfall and many other attractions, the Jurong is one of the most beautiful bird parks in the world. It's also a wonderful place for two lovebirds to start creating their own personal paradise and to exchange their vows at a celebratory banquet, either overlooking Flamingo Lake or inside the Lodge.

Paradisiaque. A Singapour, le parc ornithologique de Jurong qui abrite un millier de flamants roses et plus de 8 000 oiseaux de quelque 600 espèces différentes au plumage magnifique, a de quoi impressionner ses visiteurs. Sa surface d'environ 20 hectares, la plus haute chute d'eau artificielle du monde et bien d'autres attractions font de lui l'un des plus beaux parcs ornithologiques sur notre terre. Et un endroit rêvé pour que des fiancés y fassent débuter leur paradis personnel en scellant leur union lors d'un banquet festif au bord du lac des flamants roses ou encore dans le Lodge.

Het Jurong Bird Park in Singapore is een paradijs op aarde dat de bezoekers betovert met zijn 1.001 flamingo's en meer dan 8.000 andere kleurrijke vogels, verdeeld over meer dan 600 verschillende soorten. Het Jurong park is dan ook een van de mooiste vogelparken ter wereld, het is meer dan 200.000 m² groot en herbergt naast 's werelds grootste kunstmatige waterval nog vele andere attracties. Het is bovendien een wondermooie plek voor twee verliefden om er een begin te maken van hun eigen persoonlijke paradijs en aan een prachtig bruiloftsbanket hun geloften uit te wisselen, vlak aan het Flamingo Lake of binnen in de Lodge.

© Jurong Bird Park, Singapore

© Jurong Bird Park, Singapore

© Jurong Bird Park, Singapore

© Jurong Bird Park, Singapore

© Monterey Bay Aquarium

What a fabulous location for a wedding: an enormous aquarium where all the power of the ocean is tamed, and where we can marvel at the colorful goings-on among the denizens of the deep without getting our feet wet. This fascinating environment is a terrific place to celebrate, in an atmosphere enhanced by the otherworldly glow of sunbeams refracting in the water. Accompanied by graceful schools of skates or wild sharks, these aquarium weddings remind us of the marriage of Poseidon to his Amphitrite.

Quel endroit magnifique pour un mariage que cet aquarium gigantesque permettant de dompter la force de l'océan et d'admirer le spectacle multicolore des plantes et animaux qui l'habitent. Et ce, sans se mouiller les pieds. Dans cet univers fascinant, il est possible d'organiser des fêtes merveilleuses sous la lumière enchanteresse des rayons de soleil qui se réfractent dans l'eau. Encadrée par de jolis bancs de raies ou des requins sauvages, la cérémonie unique qui se déroule ici rappelle inévitablement le mariage de Poséidon et de la belle Amphitrite.

Wat een fantastische locatie voor een bruiloft: een enorm aquarium waarin alle kracht van de zee getemd is en waarin we, zonder onze voeten nat te maken, kunnen wegdromen bij al het mooie dat er zich onder de kleurrijke bewoners van de onderwaterwereld afspeelt. Deze fascinerende omgeving is een schitterende plaats om je bruiloft te vieren, in een atmosfeer die nog wordt versterkt door de bovenaardse gloed van in het water brekende zonnestralen. In het gezelschap van gracieuze scholen roggen of wilde haaien doen deze aquariumbruiloften ons terugdenken aan het huwelijk van Poseidon met zijn Amphitrite.

© Monterey Bay Aquarium

© Monterey Bay Aquarium

© Monterey Bay Aquarium

an eternal moment at the cape of good hope

Beaches, Hotels and wineyards at the cape of good hope

With its steep, towering cliffs that extend under the water for as far as the eye can see, the Cape of Good Hope is one of the most imposing coastal landscapes in southern Africa. For some people, a marriage there means a unique celebration with the forces of nature, attended by wind, water, and earth. Its name can be a good omen, signifying a couple's successful navigation of life's rocky crags. Nearby Cape Town is also a prime location for a romantic honeymoon.

Une falaise escarpée dont les rochers s'étendent à perte de vue, même sous l'eau. Situé à l'extrême sud de l'Afrique, le Cap de Bonne-Espérance et son paysage littoral ont de quoi impressionner. Pour certains, se marier à cet endroit unique, c'est intégrer dans les festivités les forces de la nature et convier les éléments tels que l'eau, la terre et le vent à être témoins du mariage. De bon augure, son nom invite peut-être les mariés à contourner ensemble les écueils de la vie. Pour enchaîner, la ville du Cap qui se situe tout près de là, est un endroit tout trouvé pour une lune de miel romantique.

Met zijn steile, hoog oprijzende kliffen die zich zover het oog reikt tot onder het water uitstrekken, is Kaap de Goede Hoop beslist een van de meest indrukwekkende kustlandschappen van heel zuidelijk Afrika. Voor een aantal mensen betekent daar trouwen een unieke viering samen met de krachten van de natuur, met wind, water en aarde als stille, maar sterke getuigen. Zijn naam kan een goed voorteken zijn, symbool voor een succesvolle navigatie doorheen de vaak moeilijke klippen van het leven. De omgeving van Kaap de Goed Hoop is ook een toplocatie voor een romantische huwelijksreis.

04 the seven-star-deluxe-wedding in dubai

Burj Al Arab, Dubai

© Jumeirah

Dubai is a land of superlatives. This Arab emirate on the Persian Gulf is one of Asia's great centers of commerce, one of the world's richest countries, and the client for most of the innovative, large-scale construction projects undertaken in recent years, including the desert ski hall Ski Dubai, man-made Palm Island, of course, the Burj Al Arab luxury hotel, a sail-shaped skyscraper over a thousand feet in height—to name just a few. It's a fascinating wedding venue for anyone with a bent for the exclusive. In one of the most opulent settings in the world, incorporating the finest materials and over eighty-six thousand square feet of gold leaf, a wedding becomes the ultimate pleasure where every dream comes true.

Dubaï est le pays de tous les superlatifs : l'émirat arabe du golfe Persique est l'une des plus grandes places commerciales d'Asie et figure parmi les pays les plus riches du monde. Ces dernières années, la plupart des projets innovateurs en matière de construction de grande envergure ont été commandités par Dubaï, à l'image de la salle de ski dans le désert, de l'île artificielle Palm Island, sans oublier l'hôtel de luxe Burj Al Arab, un gratte-ciel haut de plus de 300 mètres en forme de voile. Ici, ceux qui recherchent l'exclusivité seront servis. Dans un des environnements les plus luxueux qui soient, bâti avec les matériaux les plus nobles et 8 000 m² de feuilles d'or, il y a de quoi aller au bout de ses envies et transformer le mariage en pur délice.

Dubai is een land van superlatieven. Dit Arabische Emiraat aan de Perzische Golf is een van Azië's grote handelscentra, een van 's werelds rijkste landen ook, en de opdrachtgever voor een groot deel van de innovatieve, grootschalige constructie-projecten die de voorbije jaren werden uitgevoerd, met onder andere, om er maar enkele te noemen, een waar skipaleis in de woestijn, Ski Dubai, het kunstmatige Palm Island en natuurlijk het Burj Al Arab luxehotel, een meer dan 300 meter hoge wol-kenkrabber in de vorm van een zeilschip. Het is een fascinerende trouwlocatie voor iedereen met een hang naar het exclusieve. In een van de meest luxueuze decors ter wereld, waarin de fijnste materialen en meer dan 8.000 m² bladgoud werden ingewerkt, wordt een bruiloft meer dan een droom die uitkomt.

© Jumeirah

© Jumeirah

weightless in love

Zero G flights in Las Vegas, USA

Happy couples can feel like they're floating on Cloud Nine and soaring through space when they celebrate their engagement or wedding in a weightless flight with ZERO-G®. For instance, Garrett Patten surprised his long-time girlfriend Amber Posey by taking her to ZERO-G® in Las Vegas to accompany him on a parabolic flight. When they'd finally reached a state of weightlessness and were already euphoric, Garrett opened up his hand and released a sparkling engagement ring, which remained suspended in zero gravity—that is, until Amber snatched it up and cried, "Yes!"

Ils sont aux anges, les tourtereaux, et ils le seront encore plus si pour leurs fiançailles ou mariage, ils effectuent un vol en apesanteur avec ZERO-G®. Pour Amber Posey, ce fut une grande surprise lorsque Garrett Patten, son copain de longue date, l'emmena chez ZERO-G® à Las Vegas pour participer à un vol parabolique. Quand ils atteignirent la phase d'apesanteur, sans compter la sensation de bonheur qui avait déjà fait le reste, Garrett, profitant de l'absence de gravitation, ouvrit sa main dont s'échappa une bague étincelante qu'Amber attrapa. « Oui » s'exclama-t-elle comblée de joie.

Gelukkige koppels kunnen zich in de zevende hemel wanen en doorheen de ruimte suizen wanneer ze hun verloving of huwelijk vieren tijdens een gewichtloze vlucht met ZERO-G®. Zo verraste Garrett Patten zijn vriendin van vele jaren Amber Posey door haar mee te nemen naar ZERO-G® in Las Vegas om hem te vergezellen in een parabolische vlucht. Toen ze uiteindelijk een staat van gewichtloosheid bereikt hadden en sowieso al euforisch waren, opende Garrett zijn hand om een schitterende verlovingsring vrij te laten, die in gewichtloze toestand bleef zweven. Het is te zeggen, tot Amber hem oppikte en haar jawoord uitschreeuwde.

© Zero-G

© Zero-G

© Zero-G

© Zero-G

© Zero-G

© Zero-G

walking on air—a wedding on a biplane

August 2008 RFC Rendcomb Airfield, Cirencester/Gloucestershire, United Kingdom

© Fotolia, Ron Heidelberg

Darren McWalters, twenty-four, and his twenty-three-year-old bride Katie Hodgson wanted a very special wedding. Following their engagement in the Brazilian rainforest, they decided to wed on a biplane, but not from the passenger seats — no, Katie stood on the wing of one biplane while Darren stood on the wing of another, and Vicar George Bringham stood on top of a third. The couple recited their vows from dizzying heights, witnessed by family members on the ground who listened to the ceremony through loudspeakers.

Un mariage original, voilà ce que cherchaient Darren McWalters, 24 ans, et sa fiancée Katie Hodgson, 23 ans. Après s'être fiancés dans la forêt amazonienne du Brésil, ils avaient prévu pour le mariage une cérémonie sur un biplan. Mais pas en cabine d'avion, pardi ! Debout sur les ailes du biplan, Katie sur la première, Darren sur la deuxième et George Bringham, le curé, sur la troisième. A une hauteur vertigineuse, les fiancés s'écrièrent « Oui », consentement que leurs proches présents à l'aérodrome purent entendre à travers le haut-parleur.

Darren McWalters, vierentwintig, en zijn drieën-twintigjarige bruid Katie Hodgson wilden een heel bijzondere bruiloft. Na hun verloving in het Brazili-aanse regenwoud besloten ze te trouwen op een tweedekker, maar niet vanuit de passagierszetels – neen. Katie stond op de vleugel van één twee-dekker terwijl Darren op de vleugel van een tweede stond en de moedige dominee George Bringham boven op een derde. Het koppel sprak de geloftes uit op duizelingwekkende hoogte, de familie was getuige veilig op de begane grond, waar ze via luidsprekers de ceremonie konden volgen.

wedding in eternal snows of alaska

Hotels, weddingplanners and National Parks in Canada

© Pearson's Pond

Alaska is a land of natural wonders. With its immense glaciers, rustling woods, emerald-green lakes, craggy volcanoes, and valleys in bloom, it's a magical place for lovers of untamed, untouched nature to join in wedlock. Just travelling to the wedding venue can be a spectacular trip, whether by traditional dogsled or stretch limo. The ceremony itself can then take place, for example, in front of the wildly romantic backdrop of the northern primeval forest, on top of a glacier, or in the cool, blue light of Glacier Bay in the Alaskan Gulf. The wedding banquet will inevitably feature freshly caught salmon.

L'Alaska est une terre où les merveilles de la nature sont légion : des glaciers gigantesques, des forêts somptueuses, des lacs couleur émeraude, des volcans à pente raide, des vallées florissantes. Pour les amateurs d'une nature sauvage encore vierge, voilà un paysage de rêve où l'on peut envisager de se marier. Tout commence en beauté : traditionnel ou moderne, l'accès aux lieux de la cérémonie se fait sur un traîneau tiré par des chiens ou en limousine rallongée. En arrière-plan de la cérémonie proprement dite, on aura la nature aussi sauvage que romantique de la forêt vierge nordique, un glacier ou encore la lumière bleue et fraîche de la baie au pied du glacier du golfe d'Alaska. Enfin, lors du banquet, l'on vous servira du saumon fraîchement pêché.

Alaska is een land vol wonderen der natuur. Met zijn immense gletsjers, ruisende wouden, smaragdgroene meren, onherbergzame vulkanen en schitterend bloeiende valleien is het voor liefhebbers van wilde, ongerepte natuur een magische plek om in het huwelijk te treden. Alleen al de tocht naar de bruiloftslocatie kan spectaculair zijn, hetzij met een traditionele hondenslede of met een superlange limousine. De ceremonie zelf kan dan, bijvoorbeeld, plaatsvinden voor de waanzinnig romantische achtergrond van een ongerept woud in het noorden, boven op een gletsjer of in het koele, blauwe licht van Glacier Bay in de Golf van Alaska. Op het bruiloftsbanket tenslotte mag alvast vers gevangen zalm zeker niet ontbreken.

© Pearson's Pond

© Pearson's Pond

© Pearson's Pond

© Pearson's Pond

service information

shopping addresses & websites

Aleit Munich
wedding planner

Doreen Winking
Kriemhildenstrasse 40
80639 Munich
Germany

phone: +49 (0) 162 / 601 63 83
info@aleit-munich.de
www.aleit-munich.de

---

wh!te – the wedding agency
wedding planner

Frank Matthée
Postfach 580553
10414 Berlin
Germany

www.wedding-agency.de

---

suits for him

Suitopia Scandinavia AB
Vintergatan 2
172 69 Sundbyberg
Sweden

customerservice@suitopia.com
www.suitopia.com

---

suits for him

Ermenegildo Zegna
Via Savona 56a
20144 Milano
Italy

phone: +39 (0)24 22 091
www.zegna.com

Niemierko Limited
wedding planner

Mark Niemierko
3rd Floor, 7A Hanson Street
London W1W 6TE
United Kingdom

phone: +44 (0) 20 7580 5010
hello@niemierko.com
www.niemierko.com

---

wedding cakes

Peggy Porschen Ltd
32 Madison Studios
The Village
101 Amies Street
London SW11 2JW
United Kingdom

phone: +44 (0) 20 7738 1339
www.peggyporschen.com

---

wedding cakes

Elegant Cheesecakes
103-2 Harvard Avenue
Half Moon Bay
CA 94019
USA

phone: 0 650 728 2248
info@elegantcheesecakes.com
www.elegantcheesecakes.com

---

wedding porcelain

Porzellan Manufaktur
Nymphenburg
Nördliches Schlossrondell 8
80638 Munich
Germany

phone: +49 (0)89 1791970
www.nymphenburg.com

---

flowers & bridal bouquets

Blumen Company
Julius A. Linke
Rumfordstraße 43
80469 Munich
Germany

phone: +49 (0) 89 / 29 16 1055
www.blumencompany.de

---

flowers

Adore
323 Lafayette Street
New York, NY 10012

www.adorenyc.com

---

wedding dresses

Rembo Styling nv
Weg naar As 246c
3600 Genk
Belgium

phone: +32 (0) 89 300 930
info@rembo.be
www.rembostyling.com

wedding dresses

La Sposa und Pronovias
Polígono Industrial Mas
Mateu, s/n
08820 El Prat de Llobregat
Spain

phone: +34 934 799 700
info@lasposa.info
www.splasposa.com
www.pronovias.com

wedding dresses

Vera Wang on Weddings
Flagship Salon
991 Madison Avenue
New York, NY 10075
USA

www.verawangonweddings.com

wedding dresses

Faragé
10 Place Vendôme
75001 Paris
France

phone: +33 626 725 055
www.faragebride.com

wedding dresses

Aimée S.P.A.
Via Carlo Pisacane 18
46043 Castiglione d/s
Italy

phone: +39 (0) 376 941 100
info@aimee.it
www.aimee.it

wedding dresses

Sara Gabriel Couture Veils
Wholesale Inquiries
38 E 5th Avenue, Suite 1
Denver, CO 80203
USA

phone: 0303 722 0718
www.saragabriel.com

wedding rings

Tiffany & Co.
727 Fifth Avenue
New York, NY 10022
USA

www.tiffany.com

wedding rings

Bulgari
Via dei Condotti 10
008187 Rome
Italy

phone: +39 (0) 66 96 261
www.bulgari.com

wedding rings

Swarovski Crystal Online AG
General Wille Str. 88
CH 8706 Feldmeilen
Switzerland

www.swarovski.com

bridal make-up

Estee Lauder
Constellation House
3 Kites Croft Business Park
Warsash Road
Fareham PO14 4FL
United Kingdom

www.esteelauder.co.uk

project addresses & websites

Dinner in the Sky

c/o Hakuna Matata
Avenue Emile de Beco 47
1050 Brussels
Belgium

phone: +32 (0) 23 33 38 10
info@dinnerinthesky.com
www.dinnerinthesky.com

Anantara Golden Triangle Resort & Spa

229 Moo 1, Chiang Saen
Chiang Rai 57150
Thailand

phone: +66 (0) 53 78 40 84
goldentriangle@anantara.com
goldentriangle.anantara.com

Fantaseaweddings

Civil Marriage Celebrant
63 Terebra Street
Palm Cove 4879
QLD Australia

www.fantaseaweddings.com.au

AJ Hackett

Bungy HQ
209 Glenda Drive
Frankton Industrial
Queenstown
New Zealand

www.ajhackett.com

Saalfelder Feengrotten und Tourismus GmbH

Feengrottenweg 2
07318 Saalfeld
Germany

phone: +49 (0) 3671 55040
info@feengrotten.de
www.feengrotten.de

Jungle Bay Resort & Spa

P.O. Box 2352
Roseau
Commonwealth of Dominica
West Indies

phone: +1 767 446 17 89
info@ junglebaydominica.com
www.junglebaydominica.com

Skydive Las Vegas

1401 Airport Road
Boulder City NV 89005
USA

www.skydivelasvegas.com

Hunderfossen Vinterpark

2625 Vaberg
Norway

phone: +47 61 27 55 30
vinter@hunderfossen.no
www.vinterparken.no

Grand Canyon West Ranch

McCarran Executive Air Terminal
275 East Tropicana Avenue,
Suite 120
Las Vegas, Nevada 89019
USA

www.grandcanyonranch.com

Orient Express Services Limited

20 Upper Ground
London SE1 9PF
United Kingdom

www.orient-express.com

(Necker Island) Voyager House

162-164 Fulham Palace Road
London W6 9ER
United Kingdom

enquiries@virginlimitededition.com
www.neckerisland.com

Blue Safari Submarines

Royal Road
Grand Bay
Mauritius

bluesaf@intnet.mu
www.blue-safari.com

Yukon Forest Cabins

Box 10278
km 1397.5 Alaska Hwy.
Whitehorse, YT Y1A 7A1
Canada

phone: +1 867 668 7082
www.yukonforestcabins.com

Wolwedans

P.O. Box 5048
Windhoek
Republic of Namibia

phone: +264 61 230 616
info@wolwedans.com.na
www.wolwedans-namibia.com

weddings on water

P.O. Box 3563
Clearwater
Florida 33767
USA

phone: +1 (0) 727 483 902
www.weddingsonwater.com

Jurong Bird Park

2 Jurong Hill
Singapore 628925
China

info@birdpark.com.sg
www.birdpark.com.sg

Sea Life Centers

3 Market Close
Poole
Dorset
BH15 1NQ
United Kingdom

phone: +44 1202 666900
enquiries@merlinentertainments.biz
www.sealifeeurope.com

wedding concepts

1 Park Road Gardens
Cape Town 8001
South Africa

phone: +27 (0) 21 426 5783
info@weddingconcepts.co.za
www.weddingconcepts.co.za

Jumeirah Burj al Arab

PO Box 74147
Dubai UAE

phone: +971 4 301 7777
www.burj-al-arab.com

Space Adventures

Space Adventures, Ltd.
8000 Towers Crescent Drive
Suite 1000
Vienna, VA 22182

phone: +1 703 524 7172
info@spaceadventures.com
www.spaceadventures.com

Alaskan Splendor

Anchorage
AK 99501
USA

phone: +1 907 376 3023
alaskansplendor@yahoo.com
www.alaskansplendor.com

Poseidon Resorts

www.poseidonresorts.com